KB267866

우리가
다시
희망이다

우리가 다시 희망이다

초판 1쇄 인쇄	2012년 11월 07일
초판 1쇄 발행	2012년 11월 12일

편저	가천노·이재권 편저
펴낸이	손 형 국
펴낸곳	(주)북랩
출판등록	2004. 12. 1(제2012-000051호)
주소	153-786 서울시 금천구 가산디지털 1로 168, 우림라이온스밸리 B동 B113, 114호
홈페이지	www.book.co.kr
전화번호	(02)2026-5777
팩스	(02)2026-5747

ISBN 978-89-98268-29-9   13320

우리가 다시 희망이다

가천노 · 이재권 편저

Contents ▶▶▶

Ⅳ 막막함을 풀어주는 마인드맵 / 093

Ⅴ 프레젠테이션 팁(Tips) / 119

다시 만나는 현실 Ⅰ

중장년 베이비부머들(baby boomers)

준비 안 된 은퇴, 부실한 노후

숨겨져 있는 정부지원 사업

중장년 베이비부머들
(baby boomers)

지금 한국의 중장년들은 새로운 현실과 만나고 있다. 베이비붐 세대라고 불리는 이들 중장년들은 여러 독특한 특징들로 인해 관심을 끌고 있다. 보통 세대란 같은 시대에 태어나 같은 역사적 경험을 가짐으로써 자연스럽게 비슷한 의식을 갖게 된 일정 폭의 연령층을 의미한다. 특별히 이들에게 베이비붐 세대라고 이름 붙여진 것은 한국 전쟁 직후인 1955년부터 1963년까지 9년에 걸쳐 출산율이 급격하게 상승하던 시기에 태어났기 때문이다.

베이비붐 세대가 오늘날 직면하는 현실은 그들만의 세대적 특징과 깊이 관련되어 있다. 우선 이들 세대는 현재 대략 712만 명으로 우리나라 전체 인구의 14.6%를 차지하는 거대한 인구집단이다. 따라서 이들의 삶은 자연스럽게 한국 사회의 현실에 커다란 영향을 주고받을 수밖에 없다. 더군다나 이제 이들의 은퇴가 막 시작되었고 앞으로 더욱 많은 은퇴자가 쏟아져 나올 것을 감안하면 이들이 맞닥뜨릴 현실을 짐작케 한다.

베이비붐 세대는 질풍노도의 삶을 살았다고 해도 틀리지 않는다. 이 땅의 베이비붐 세대가 살아온 세월은 대한민국의 현대사라고 해도 과언이 아니기 때문이다. 이들 세대는 유년기에는 빈곤의 시대를, 청년기에는 군사독재 시대를 경험했고, 사회생활을 시작할 때 민주화 시대를 맞이했다. 그리고 중년의 시기에는 IMF를 겪어야 했다. 특히 학창시절에 겪은 유신 독재, 부마사태와 10.26이 가져온 박정희 대통령의 사망, 서울의 봄과 12.12 쿠데타, 광주 민주화 운동 등은 그들의 뇌리에서 결코 잊히지 않은 채 생생하게 살아 있다. 베이비붐 세대는 이런 시대적 아픔을 경험하면서 민주주의가 활짝 핀 세상을 만들고 물려주기 위해 살았고, 그것에 대해 남모를 부채의식을 가졌던 사람들이다.

또 베이비부머들은 엄청난 인구집단의 힘으로 한국의 사회, 경제적 시스템을 바꾼 세대이다. 이들이 자라나던 1950-1960년대에는 경제 사정이 좋지 않아 하루 세 끼 먹는 것도 쉽지 않았다. 그래서 정부에서는 미국에서 들여온 쌀과 밀, 옥수수 같은 잉여 농산물로 국민들의 주린 배를 채웠다. 쌀이 부족했던 시절에 국가는 쌀과 보리를 섞어 먹는 혼식을 장려했고, 그것을 확인하기 위해 학교에서 날마다 도시락 검사를 하기도 했다.

이처럼 대부분 농촌에서 태어난 이들은 궁핍한 유년시절을 보낸 뒤 취업을 하고 대학을 다녔다. 그 과정에서 이들의 도시로의 이동은 수도권을 비롯한 도시들의 급속한 인구 팽창을 불러왔다. 역시 이들의 본격적인 주거 수요와 발맞추어 분당, 일산, 평촌 같은 대규모 신도시들이 속속 건설되었다.

한편 베이비붐 세대가 결혼하여 가정을 꾸리면서 핵가족 제도가 빠르게 확산됐다. 이들이 텔레비전과 냉장고, 자동차 같은 내구 소비재를 사들이면서 내수 시장이 폭발적으로 성장했다. 이들 세대에서 시작된 대량

생산, 대량소비 시대의 개막은 경제성장을 촉진하고, 이 과정에서 이들이 한국 사회의 중산층을 형성해 갔다.

통계에 의하면 현재 베이비부머 10명 중 7명은 부모의 생활비를 지원하고 있으며, 10명 가운데 5명은 먹고 살기 힘들어 문화생활을 하지 못한다고 대답했다. 또 그들 10명 가운데 6명은 어린 시절 어려운 가정형편 때문에 원하는 교육을 받지 못했다는 아쉬움을 갖고 있다. 그럼에도 별다른 기술이 없는 월급쟁이의 비애를 경험해본 까닭에 이들은 자녀교육을 위해 무리할 정도로 돈을 지출하며 정작 자신들을 돌보지 못한 채 살아왔다.

준비 안 된 은퇴,
부실한 노후

그렇게 살아온 베이비붐 세대가 이제 본격적인 은퇴를 시작한다. 그것
도 잘 준비되지 않은 은퇴, 부실한 노후라는 현실과 직면하고 있다. 그것
을 반영하듯 언론이 쏟아내는 그들 세대의 자화상이나 미래 예측은 대
체로 우울하다. 712만 명이라는 대규모 인구 집단이 은퇴 준비를 거의
못 한 채 한꺼번에 쏟아져 나오면, 사회 빈곤층이 크게 증가하고 해체 위
기를 맞는 가정이 늘어날 것이라고 언론은 분석한다.

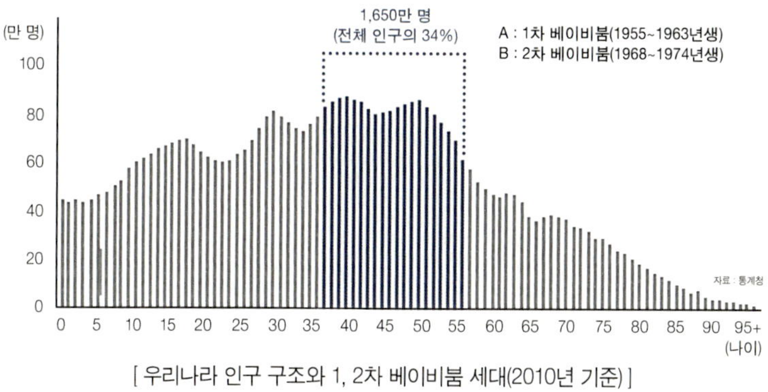

[우리나라 인구 구조와 1, 2차 베이비붐 세대(2010년 기준)]

앞에서 베이비붐 시기를 1955년부터 1963년까지로 분류했지만, 출생
아가 많았던 것은 이 시기만이 아니다. 우리나라 인구 피라미드를 보

면 아이들이 대규모로 태어난 베이비붐 시기가 두 번 있었다. 1955년에서 1963년이 그 하나이고, 1968년에서 1974년이 다른 하나이다. 앞의 것을 '1차 베이비붐', 뒤의 것을 '2차 베이비붐'이라고 부른다. 이처럼 1955년부터 1974년까지 태어난 아이들을 넓은 의미의 베이비부머로 본다면 이야기는 더욱 달라진다. 이들의 숫자는 무려 1650만 명으로서 총인구의 34%에 달하는 엄청난 인구집단이다. 말하자면 전체 베이비붐 세대의 은퇴 충격은 오는 2030년까지 계속 이어질 것이라는 의미이다. 1차 베이비부머는 2010년부터, 2차 베이비부머는 2021년부터 본격적인 은퇴를 시작하게 되기 때문이다.

물론 사회 일반과 마찬가지로 베이비부머 세대 내부에도 양극화 현상이 뚜렷이 존재한다. IMF 경제위기 이후 우리나라 고소득층과 저소득층의 소득 격차가 심화된 이른바 소득의 양극화, 사회의 양극화가 지속되고 있다. 이런 현상은 베이비붐 세대 안에서도 뚜렷하다. 즉 충분한 준비를 마친 은퇴자들도 일부 존재한다는 말이다.

하지만 대부분의 베이비부머들은 준비 안 된 은퇴와 부실한 노후를 맞고 있다. 몇 가지 지표를 보면, 베이비부머들 중 국민연금 가입자는 47.7%에 그친다. 또 노년으로 갈수록 건강이 중요한데, 보장률이 60%에 불과한 건강보험에 자신을 맡겨두고 있는 실정이다. 다시 말해 퇴직금도 충분치 않고, 국민연금도 빈약하기 짝이 없으며, 개인적으로 모아놓은 돈도 아예 없거나 많지 않으니, 그들의 고민이 클 수밖에 없다.

여론조사 기관 포커스컴퍼니에 의하면, 그런 처지에 놓여 있는 베이비부머의 80%가 창업 및 재취업을 원하는 것으로 나타났다. 곧 베이비부머들은 이런 현실에 직면하여 지금까지 뛰어온 인생의 전반전을 마치고,

이제부터 다시 인생의 후반전을 뛰어야 한다. 기대 수명을 대략 80세로 잡아도 부머들에게는 아직 20-30년 이상의 인생이 남아 있다. 그렇게 충분히 남아 있는 인생의 후반부는 그야말로 새로운 삶을 살기에 충분한 기간이다. 아니, 지금까지의 실수를 되짚어 그것을 만회할 수 있다면 인생 역전 또한 얼마든지 노려볼 만하다.

한 가지 명심할 것은 직장에는 정년이 있을지 모르지만, 인생에는 정년이 없다는 사실이다. 또 지금까지의 삶만으로 인생의 성패를 논하는 것은 부질없는 일이다. 우리가 아는 많은 역사적 인물들은 오히려 인생의 후반부를 훨씬 훌륭하게 살아 후대에 이름을 남겼다. 우리가 아는 많은 위인들은 늦은 나이까지 열심히 활동한 기록들을 가지고 있다.

예를 들어 르네상스를 이끌었던 미켈란젤로는 71세에 시스티나 성당의 벽화를 그렸고, 빅토르 위고는 60세에 『레 미제라블』을 썼다. 괴테는 81세에 『파우스트』를 썼으며, J. R. R 톨킨은 62세에 장편 『반지의 제왕』을 출판했다. '모던 타임스'를 만든 찰리 채플린은 76세까지 감독으로 뛰었고, 아프리카의 성자 알버트 슈바이처는 89세까지 환자를 수술했다. 미국 화단의 스타 그렌마 모제스는 80세에 그림을 시작했다. 현역 영화배우 겸 감독인 클린트 이스트우드는 80세인 2009년에 '우리가 꿈꾸는 기적-인빅터스'라는 명작을 만들었다.

그래서 이들처럼 인생의 또 다른 현실에 직면하여 새로운 삶을 시도하는 사람들에게 숨겨진 기회에 관해 말하고자 한다. 인생의 후반전을 준비하며 새로운 인생을 시도하려는 베이비부머들에게 그 기회들에 대해 알려주고, 그것을 실현할 구체적이고 실제적인 방법을 안내하려고 한다.

숨겨져 있는
정부지원 사업

지금 정부는 청년 세대와 함께 베이비붐 세대로 대표되는 중장년들의 삶에 관해 많은 관심을 쏟고 있다. 은퇴한 베이비부머들을 위해 적합한 일자리를 제공하는 것은 물론 그들이 새로운 사업을 시작하도록 돕는 여러 정책들을 시행하고 있다. 그 중의 하나가 베이비부머의 창업을 지원하는 정부 사업이다. 일반적으로 잘 알려져 있지 않은 실정이나 숨겨져 있는 정부지원 사업들이 의외로 많다. 이것들은 기본적으로 지원사업이다 보니 자금을 무상으로 지원받을 수 있다는 생각을 흔히 하지 못한다. 이런 사업들은 그야말로 재정적인 문제로 엄두를 내지 못하는 예비 창업자들에게 아주 희망적인 숨겨진 기회라고 할 수 있다.

그런데 이것은 정부의 지원사업이기 때문에 사업자로 선정되는 것이 관건이다. 사업에 대한 정보를 갖고, 그것에 적합한 절차를 따라 지원하고, 사업의 성격에 맞는 사업자로 선정되는 과정이 필수적이다. 따라서 이 책은 관련된 정부 사업 전반에 대한 정보를 전하고자 한다. 흔히 알려져 있지 않거나 잘 모르는 정부 사업에 대한 숨겨진 정보들을 찾아 알기 쉽게 요약, 설명해주고자 한다.

이것은 사업이기 때문에 처음부터 반드시 써야 하는 사업 계획서에 관해서도 비중 있게 다룬다. 그것은 단순히 사업 계획서를 쓰는 방법을 말하지 않는다. 그런 방법에 관한 강의나 책자들은 이미 주변에 충분히 넘쳐난다. 여기서는 사업 계획서를 쓰는 실제 방법을 예시를 통해 설명하고, 실제로 그 사업 계획서가 채택되기 위한 여러 팁(tip)을 다룬다.

보통 사업을 위해 처음 사업 계획서를 쓰려면 막연하기 그지없다. 아이템을 잡는 것에서부터 그것을 기초로 하여 필요 사항들을 적시하는 것이 생각처럼 쉽지 않다. 또한 그것을 적어가기 위해 어디서부터 어떻게 생각을 시작해야 할지 막막하다. 그것을 해소하기 위해 정부사업이 요구하는 사업 계획서의 각 항목에 필요한 생각의 실마리를 마인드맵을 통해 풀어가도록 준비했다.

그 다음, 정부 지원 사업자로 선정되려면 발표 평가를 거쳐야 하는데, 그 과정에서 반드시 해야 하는 것이 프레젠테이션이다. 사업의 의지는 분명히 가지고 있으나 심사위원들 앞에서 프레젠테이션을 하기가 무척 어려운 사람들이 많다. 이때 그것을 잘해낼 수 있는 팁(tip)을 알고 있다면 그것만큼 힘이 되는 것이 없을 것이다. 그러므로 여기서는 실전을 경험한 사람들이 현장에서 실제로 사용하여 효과를 보았던 결정적인 내용들을 간단히 전하고자 한다.

또한 실제 사업을 지원하고 준비할 때 전국에 퍼져 있는 비즈센터에 속해서 일을 진행하는 것이 보통이다. 이때 같은 목표를 가지고 준비하는 동료들과 정보를 교류하고 나누는 실제적인 경험은 무엇과도 바꿀 수 없는 도움이 된다. 그래서 여기서는 같은 동료 혹은 창업 선후배들과의 교류 및 스터디 모임 활동에 관한 실제적인 방법들을 제시한다.

이어서 정부지원 사업자로 선정된 사람들의 생생한 이야기들을 실었다. 여기에 글을 실은 사람들은 정부지원 사업에 선정된 사람들이거나, 선정되지는 못했지만 그로부터 값진 교훈을 얻은 사람들이다. 이들도 예외 없이 처음에는 막막했던 사람들이다. 그러나 그 막막함을 넘고 극복하는 과정에서 다듬어지고, 때로는 실패를 딛고 일어서며 창업을 관철시킨 값진 경험들을 그들은 갖고 있다. 그들의 이야기가 나의 이야기가 될 수 있도록 하기 위해 그 글들을 실어놓았다.

끝으로 사업을 지원하고 사업자로 선정되기 위한 마인드를 다뤘다. 또 선정 이후 사업이 성공할 수 있는 원리들을 결론 삼아 짧게 다뤘다.

이 책을 통해 정부지원 사업의 기회를 얻어 삶의 전환기를 성공적으로 만들 수 있는 뜻 깊은 결과가 있기를 희망한다.

숨어 있는 기회들 II

정보가 힘이다

정책자금을 적극 활용하라

창업을 생각 중인 예비창업자나 창업한 지 얼마 되지 않은 초기 기업의 경우, 대부분 인건비, 개발비, 사무실비 등 창업자금을 먼저 생각하게 된다. 하지만 그보다 먼저 생각해야 할 것은 정부에서 창업자나 예비 창업자에게 무엇을 어떻게 지원해주고 있는지에 대한 것들이다. 왜냐하면 정부에서는 청장년과 베이비붐 세대의 실업률 해소를 위해 창업을 적극적으로 지원하고 있기 때문이다. 생각보다 많은 창업지원 기관에서 창업에 필요한 교육, 시설, 자금지원 등 수백 가지의 다양한 창업지원 사업을 시행하고 있으며, 점차 그 규모가 확대되고 있다.

창업은 불확실한 세상에서의 새로운 도전이다. 창업자금이 부족한 사람은 물론 어느 정도 자금이 확보되어 있는 사람들도 이런 숨어 있는 기회들을 잘 활용할 필요가 있다. 사실, 지원기관, 사업내용 등 창업지원에 관련된 정보는 너무 많아서 이 책에서 그것을 전부 다 설명하기에는 지면이 부족하다. 그러므로 여기서는 창업을 준비하면서 알게 된 정보와 지식을 바탕으로 초기 기업이나 예비 창업자가 꼭 알아야 할 핵심적인 창업 정보들을 위주로 하여 실었다.

창업에 관한 정보를 설명하기에 앞서 기본적으로 알아야 할 주요 기관과 핵심적인 사업들의 구성, 구조를 살펴보면 보다 쉽게 이해할 수 있다. 아래 표 이외에도 지방자치단체 산하 지원기관 및 각종 협회들, 관련 지원 사업들이 있다.

창업관련 기관/기능
중소기업청
지방자치단체
지경부, 교과부
비즈인포
기업마을 앱
소상공인진흥원
시니어넷
전국소상공인센터
비즈플라자
e-러닝
창업진흥원
창업넷
창업에듀
청년창업사관학교
창업만물 사전 앱
창업보육센터
예창. 맞춤형 등 지원사업
11개 지방청
전국 18개테그노파크
서울산업통상진흥원
장년창업센터
서울시 창업스쿨
경기중소기업지원센터
G프로젝트
인천정보산업진흥원
제물포스마트타운
기타 지자체 기관

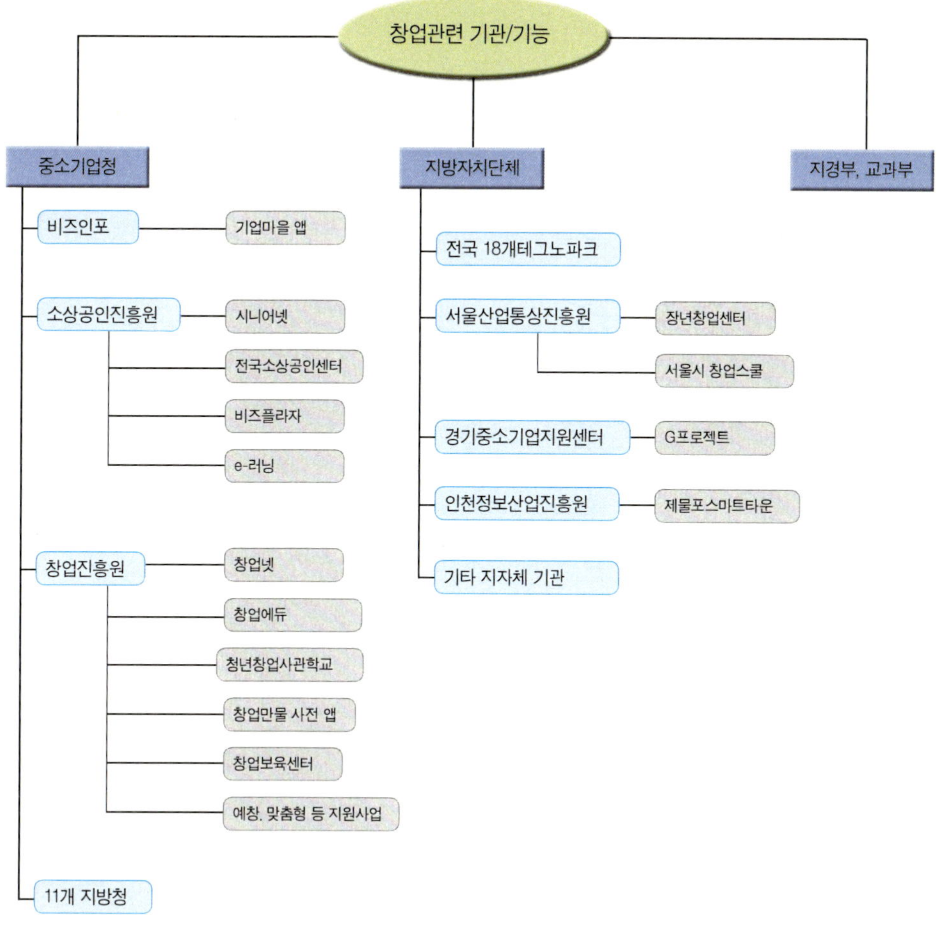

[창업 관련 기관 및 기능]

정보가 힘이다

정보를 아는 것이 힘이 되는 세상이다. 하지만 무작정 정보를 아는 것보다 '어떻게 효율적으로 정보를 얻을 수 있는가'에 초점을 맞추는 것이 더 중요하다.

비즈인포 (www.bizinfo.go.kr)

중소기업의 경영정보, 행사정보, 기업경영 매뉴얼, 채용정보, 창업자금 지원 정보 등, 각종 지원사업 정보를 인터넷과 모바일로 서비스하는 사이트로서 중소기업청에서 운영한다.

비즈인포에서는 중소기업의 애로점을 덜어주기 위한 중소기업 종합 정보 서비스를 제공하며, 중소기업 정책 정보 제공 및 경영 애로 상담지원을 한다. 분야별, 지역별, 지원기관별로 검색이 가능하며, 국내외 경제 동향 및 각종 경영전략, 1,300여 건의 기업업무 서식, Q&A 등을 제공하고 있다. 각종 지원정보는 인터넷 홈페이지뿐 아니라 모바일 앱(m.bizinfo. go.kr)과 스마트 앱(기업마을), SMS, MMS, 이메일, 페이스북 등 다양한 방법으로 수신 신청을 해놓으면 인터넷 홈페이지에 매일 방문하지 않아도 신속하게 받아볼 수 있다.

[출처 : 비즈인포 사이트]

　　인터넷으로 제공하는 비즈인포 서비스 외에 중소기업청에서 스마트폰 앱으로 제공하는 기업마을(Bizinfo)이 있고, 창업진흥원에서 스마트폰 앱으로 제공하는 창업만물사전도 있다. 두 가지 앱의 주요 차이점을 보면, 기업마을은 중소기업에 대한 각종 지원사업 등의 종합정보를 제공하는 데 비해, 창업만물사전은 주로 창업지원에 관한 정보 등을 제공한다.

[스마트폰 앱 화면. 출처: 중소기업청]

창업을 준비하거나 중소기업을 운영하는 분들에게 쉽고 빠르게 창업 지원 관련 최신 정보를 전달해주는 비즈인포 사이트와 스마트폰 앱은 창업에 있어서 필수 요소라 할 수 있겠다.

창업진흥원 (www.kised.or.kr)

비즈인포가 창업 관련 정보를 주로 제공하는 사이트라면, 창업진흥원은 창업과 중소기업 지원 관련 각종 사업을 시행하는 기관이라고 할 수 있다. 창업진흥원은 지식/기술 기반 창업을 활성화하기 위해 예비 창업자의 창업, 창업기업의 지속적인 성장기반 구축 등 성장단계별 지원체계를 구축하고 비즈쿨, 창업 경진대회, 온라인 창업강좌, 창업 선도대학, 국내외 시장개척, 청년 창업/창직 인턴제, 창업 보육센터, 재택 창업, 조사

연구 등의 사업을 시행하고 있다. 창업진흥원의 주요 창업자금 지원사업은 예비기술 창업자 육성사업, 선도 벤처 연계 기술창업 지원, 맞춤형 창업 지원사업, 아이디어 상업화 지원, 글로벌 창업지원, 창업사관학교, 유망 특허 활용기술 창업지원, 실전 창업리그, 글로벌 앱 창작 지원사업, 지식거래 형 사업화 지원, 참살이 실습터 지원사업, 지식 서비스 창업대전 등이 있다. 특별한 경우가 아니라면 직접적으로 창업진흥원 홈페이지를 방문하지는 않겠지만, 비즈인포에서 나에게 맞는 정보를 검색하고 나면, 창업진흥원에서 수행하는 지원사업이 많기 때문에 결국 이 홈페이지를 많이 방문하게 된다.

창업보육센터 (www.bi.go.kr)

창업보육센터(Business Incubator)는 중소기업청이 관리하고 창업진흥원에서 운영한다. 사업화에 어려움을 겪고 있는 예비 창업자 또는 입주 신청일 현재 창업 3년 미만의 기업을 대상으로 하여, 저가 또는 무료로 일정 기간 입주시켜 기술개발에 필요한 기기 및 작업장, 기술 및 경영지도, 자금지원 등 창업에 필요한 종합적인 지원을 한다. 2012년 10월 현재 건국대 벤처창업지원센터, 한국기계연구원 신기술창업보육센터, 경기여성창업보육센터, 서울시창업지원센터, 벤처기업협회의 서울벤처인큐베이터 등 대학과 연구소, 지자체, 공공/민간 법인 등 286곳에서 지원하고 있다.

서울시 산업통상진흥원(sba.seoul.kr)

서울특별시 소재 중소기업에 대한 종합적이고 체계적인 지원사업을 통하여 중소기업의 경영여건 개선과 경쟁력 강화에 기여함을 목적으로 운영하고 있다. 패션, 애니메이션 육성 등의 서울 형 전략산업 지원, 중소기업의 국내외 마케팅 지원, 창업센터 운영 등의 창업 활성화 지원, 해외통상 및 투자유치 지원사업을 시행하고 있다. 특히 창업스쿨과 각종 커뮤니티(comm.sba.seoul.kr), 청년창업센터, 장년창업센터 등 지원 분야나 성격은 조금 다르지만, 서울시 중소기업이나 예비 창업자를 대상으로 지원하는 작은 창업진흥원이라고 할 수 있다.

서울시장년창업센터

우수하고 창의적인 아이템으로 창업을 희망하거나 창업한 지 1년 이내의 장년층(40세 이상)을 대상으로 창업 공간을 지원하고 창업지원 프로그램을 제공하는 등, 성공 창업을 유도하기 위해 운영하고 있다. 신청 대상은 40세 이상으로 서울시에 주민등록이나 사업장 소재지가 있어야 한다. 1년에 2번(6월, 1월) 모집하며, 6개월간 입주해 창업 역량을 키울 수 있다.

소상공인진흥원(www.seda.or.kr)

소상공인진흥원은 소상공인과 소기업인의 창업 및 기업 활동 지원을 위해 온/오프라인 교육, 컨설팅, 창업자금 지원, 상권 분석을 비롯한 각종 정보 제공, 나들가게, 소상공인 방송, 시니어넷 등의 여러 가지 지원사업을 하고 있다. 소상공인진흥원에서 제공하는 온/오프라인 교육은 다음 표와 같다. 오프라인에서는 전국 16개 시도에서 연간 300여 종 이상의 전문화 교육 프로그램을 진행하고 있다.

구분	오프라인 교육			온라인 교육
교육명	업종전환 교육	직업전환 교육	실전창업 교육	e-러닝
교육비	무료	3만 원	5만 원	무료
교육 시간	8시간	40시간	80시간	
인원	5,650명	2,350명	9,260명	
홈페이지	eduinfo.seda.or.kr			edu.seda.or.kr

시니어넷(www.seniorok.kr)

소상공인진흥원에서 40세 이상의 시니어를 대상으로 창업/취업 정보 공유 및 친목을 위한 커뮤니티, 창업교육, 시니어비즈플라자, 경영자문 등의 지원을 한다.

창업교육은 세종경영컨설팅 등 32개 기관과 함께 시니어들의 성공창업을 위해 지원자의 역량에 따라 실습과 코칭(coaching) 중심 교육으로 실질적 창업을 지원하며, 수강료는 20만 원이지만 정부에서 교육비의 80%를 지원하고 교육생은 20%만 부담한다.

사무공간 등을 제공하는 비즈플라자는 창업 혹은 취업을 준비하는 시니어를 위한 오프라인 커뮤니티 공간이다. 멘토링 등 전문가 지원, 커뮤니티 모임장소 및 사무공간 제공, 세미나 및 교육지원, 시니어 경제활동에 관련된 정보 등의 주요 사업을 하고 있다. 지역별로는 현재 서울의 노원, 마포, 은평, 경기도의 수원, 의정부, 부산 사하, 대구 수성, 광주 동구, 경북 칠곡, 강원도 춘천, 울산 울주 등 11개 장소가 있다.

창업에듀(edu.changupnet.go.kr)

창업을 준비하거나 이미 창업한 사람이라면 누구나 쉽게 인터넷을 이용하여 가입하고, 자신에게 맞는 강좌를 선택하여 무료로 수강할 수 있는 온라인 창업 관련 강좌 사이트로서 창업과 관련된 각종 정보를 제공받을 수 있다. 창업진흥원에서 운영하고 있다.

온라인 강좌는 크게 창업일반 분야, 1인 창조기업 분야, BI 매니저 전문 분야, 비즈쿨 분야 등 4개 분야로 이루어져 있다. 각 분야에는 여러 가지 세부적인 과정이 포함되어 있다. 온라인 강좌 시 주의할 점은 각 분야마다 속해 있는 과정을 모두 수강해야만 그 분야의 수료증을 받을 수 있고, 월별로 학습기간이 지정되어 있어 그 기간 내에 수강을 마치지 못하면 '미 수료'로 처리되어 수료증을 받을 수 없다는 점이다.

창업일반 분야	1인 창조기업 분야	BI 매니저 전문 분야	비즈쿨 분야
학습에 앞서	1인 창조기업의 이해	사업계획 수립 및 사업 타당성 분석	기업가의 의미와 특징
중소기업 창업개론	기업가 정신의 이해	정부지원 제도 분석 및 활용	창업 아이템 선정
기업가 정신의 이해	1인 창조기업CEO의 시간관리와 자기계발	기술 트렌드의 변화와 대응전략	사업 계획서 작성
창업기회 발견	1인 창조기업과 소셜 네트워크	투자유치와 자금조달	투자유치 전략
창업 아이템 선정방법	창의적 아이디어 발상법	재무분석과 재무구조 개선방안	마케팅과 홍보
사업 계획서 작성방법	1인 창조기업의 업종별 특성	창업 관련 법규	창업회계와 재무
자금조달 및 IR 전략	사업 계획서를 통한 창조	사업 계획서 작성과 운용	업무의 정석
공장 설립 및 등록	1인 창조기업의 비즈니스 모델	인증제도의 이해	
조직 및 인사관리	1인 창조기업이 알아야 할 법	창업기업의 회계와 세무관리	
제품 및 생산관리	아이템의 사업 타당성 분석	지식 및 산업재산권 관리	
창업회계 및 세무관리	1인 창조기업 성공 노하우	기술투자 및 기술제휴	
마케팅 및 판매전략	회계와 재무	기술이전과 계약 실무	
기술가치 평가 방법 및 지표	경영과 하이테크 마케팅 전략	메가트렌드와 기술 로드맵	
지식재산권 활용 및 관리	커뮤니케이션 차별화 전략	컨설팅 프로세스와 방법론	
경영 시스템 정보화 구축		창업기업의 인적자원 관리	
무역실무			
창업 성공 실패 사례			

서울시 창업스쿨(school.seoul.kr)

서울시와 서울산업통상진흥원이 창업을 준비하는 서울 시민들을 위해 창업 관련 온라인 기초과정(e-창업스쿨)부터 오프라인 전문과정(하이서울 창업스쿨) 까지 지원하는 창업 관련 전문 교육기관이다.

서울시 창업스쿨	e-창업스쿨	창업 일반과정	회원 상시 온라인 학습
		창업 기본과정	회원 상시 온라인 학습 (전문과정 자격부여)
	하이서울 창업스쿨	창업 전문과정	심사 후 오프라인 학습 (수료 후 기보 등 자금지원)

e-창업스쿨은 시간과 장소의 제약 없이 인터넷을 이용하여 교육 받을 수 있는 온라인 기초과정으로서 서울시민뿐만 아니라 대한민국 국민이면 누구나 수강신청이 가능하다. e-창업스쿨은 일반과정과 기본과정으로 나누어지는데, 회원 가입만 하면 누구나 인터넷을 이용해 온라인 수강을 할 수 있다. 2012년 10월 현재 일반과정은 58개 과정, 기본과정은 8개 과정이 개설되어 있으며, 자기에게 필요한 강좌만 신청하여 수강하면 된다. 수강 중 한 가지 주의할 점은 각 과정마다 학습기간이 지정되어 있어서 기간 내에 수강을 완료하지 못하면 '미 이수' 처리되어 수료증을 받을 수 없고 다음 기수에 다시 처음부터 수강해야 한다는 점이다.

창업 일반과정이 창업이나 사업에 관한 일반적인 지식 습득을 위한 과정이라면, 창업 기본과정은 유통, 패션 등 특정 분야에 대하여 실질적인 창업을 위한 오프라인 심층학습 과정이다.

창업 기본과정은 일반과정과 같이 회원 가입만 하면 누구나 인터넷을 이용해 온라인 수강을 할 수 있으며, 창업 전문과정을 수강할 수 있는 자격이 부여된다. 따라서 하이서울창업스쿨의 창업 전문과정을 수강하기 위해서는 일정 시간 창업 기본과정을 수료해야 한다.

하이서울창업스쿨의 창업 전문과정은 서울 지역의 예비 창업자 또는 사업 개시 2년 미만의 창업자를 위하여 창업 기초지식부터 실전창업에 이르기까지 창업에 대한 일련의 과정을 학습하고 직접 체험하는 오프라인 교육이다. 1년에 4번 정도 개설되는데, 교육 기간은 2개월이고 각 과정별 수강 인원은 40명 정도 된다. 과정별로 차이는 있지만 대체로 주간반(주 2회)과 야간반(주 3회)으로 운영하며 교육비는 15만 원이다. 전문과정을 수료하면 담당 교수제, 1:1 상담지원 및 서울신용보증과 기술보증기금 등의 특별보증 혜택을 받을 수 있다.

경영 컨설팅 창업	벤처 창업
서비스업 창업	스마트 앱 창업
외식업 창업	유통업 창업
인터넷 창업	패션 창업

[e창업스쿨 기본과정]

창업일반 58개 과정		
1인 기업가 마인드와 역량 강화	경영 컨설팅 창업실무	경영 컨설팅 창업의 자세
경영 컨설팅 프로세스	경영 컨설팅의 이해	고객관리 실무
기술 트렌드와 시장 동향	리테일 머천다이징(RMD)	마케팅 전략
매장 인테리어 아웃테리어	매장운영 전략	메뉴 개발 및 가격 전략
벤처기업 창업전략	벤처기업 창업절차	사업 계획서 작성
상표 및 변리특허	상표권 기초	상품 촬영기법
상품구성 및 소싱 실무	상품구성과 매입실무	상품 페이지 작성
서비스 관리기법	서비스업 개발전략	서비스업 시장동향과 전망
서비스업 창업절차 및 인허가	서비스업 홍보 마케팅 전략	서비스업의 차별화 전략
소비자 분석(인터넷 창업)	소자본 패션창업	스마트폰 앱 그리고 특허
아이템 추천 전략	알기 쉬운 공직자 행동강령	여성 기업가 정신
오픈마켓 창업 1부	오픈마켓 창업 2부	오픈마켓 활용
온라인 홍보 마케팅	외식 상권 입지분석	외식업 홍보판촉 전략
유통 상권 입지분석	유통업 홍보판촉 전략	인터넷 창업 프로세스
전자무역 실무	점포 운영전략	창업 기초 편
창업세무 실무.	창업 아이템 발굴 및 선정전략	창업 트렌드 업종 전망
창업환경 분석	키워드 및 SNS 마케팅	킬러 앱의 성공 요인
판매관리 실무	패션 머천다이징(FMD)	패션시장 조사 및 소비자 분석
패션 아이템 개발 및 선정 전략	패션 창업절차	혁신 아이디어 발굴 및 검토
Smarting from 스마트폰		

[e창업스쿨 일반과정]

과정	교육기간	인원
창업 입문	주간(월, 수)	45
	야간(월, 수, 목)	40
외식업 창업	주간(월, 수)	40
	야간(월, 수, 목)	40
카페 형 창업	주간(화, 목)	40
도소매 창업	야간(월, 수, 목)	40
서비스업 창업	주간(화, 목)	40
경영 컨설팅 창업	주간(월, 수)	40
패션&쇼핑몰 창업	주간(월, 수)	40
소호 쇼핑몰 창업	주간(월, 수)	35
온라인 쇼핑몰 창업	주간(화, 목)	40
	야간(월, 수, 목)	40
제품기술 벤처 창업	주간(화, 목)	40
지식 서비스 벤처 창업	주간(화, 목)	40
	야간(월, 수, 목)	40

[하이서울창업스쿨 창업 전문과정]

소상공인 e-러닝 교육 (edu.seda.or.kr)

소상공인진흥원에서 소상공인과 소기업인의 눈높이에 맞춘 교육 기회
를 제공함으로써 창업 및 점포 경영에 실질적인 도움을 주기 위해 만든

곳이다. 인터넷을 이용한 온라인 학습으로 제공하고 있으며 상세한 교육 내용은 다음과 같다.

분류	내용	공통 창업	내용
성공 창업	업종 분석 및 아이템 선정	공통 창업	대박 나는 최상의 입지조건
	사업 계획서 작성기법		상권/점포 입지분석
	창업실무 및 준비사항		은퇴 후 창업을 위한 자금계획과 사용
	부동산 계약 및 상가 임대차 보호법		자금계획
	점포홍보. 판촉 전략		창업 세무 기초와 전자 세금계산서
창업 사례	국내창업 성공사례		세무기초
	김상식 씨의 성공 창업기		창업실패 예방 방법
	나들가게 성공 사례		사업 타당성 분석
	업종분석 및 입지선정 사례		창업자 정신
	상가 임대차 보호법		성공 창업을 위한 준비 및 환경 분석
	프랜차이즈 창업 사례		창업 후 수익창출 전략
	창업 성공사례·실패사례 분석		점포운영 매뉴얼
	해외 성공사례 일본 편		점포 인·아웃테리어 전략
유망 아이템 분석	서비스업		종업원 고용과 관리 전략
	온라인 창업		고객관리
	유통/판매업		친절 서비스
	해외 유망 신 사업		업종분석 및 아이템 선정
창업 실무 전략	고객만족 서비스		프랜차이즈 시스템의 이해
	세무 전략 및 고용관리		업종 전환
	온·오프라인 마케팅 전략		폐업 절차
	온라인 창업 전략		소상공인 스트레스 관리
	경쟁력 있는 매장 구성		
	수익성 분석 방법		

이 밖에도 소상공인진흥원에서는 오프라인 창업 관련 교육으로서 업종전환 교육, 직업전환 교육, 실전 창업교육을 무료 또는 저렴한 비용으로 교육하고 있다(eduinfo.seda.or.kr).

청년창업사관학교 (start.sbc.or.kr)

청년창업사관학교는 기술창업(제조업 및 지식 서비스업)을 준비 중인 청년 창업자를 선발하여 창업 준비공간, 전문인력 코칭, 창업교육, 개발 보조금과 마케팅 지원 등 창업계획 수립부터 사업화까지 전 분야를 일괄 지원하고 창업 지원금도 지원한다. 청년창업사관학교는 명칭과는 달리 청년 예비 창업자에 대하여 창업 관련 교육만 하지는 않는다. 창업진흥원에서 시행하는'창업맞춤형 지원사업'과 지원 형태가 유사하다고 보면 된다. 다만 창업 지원사업에 선발되면 필히 창업공간에 입소하고 필수교육을 이수해야 하며, 중간평가 등 창업활동과 교육 등에서 상대적으로 엄격한 기준을 적용하여 관리를 받게 된다. 그리고 청년(39세 이하)뿐만 아니라 산청과제에 대하여 특허를 보유한 지원자는 나이에 상관없이 지원할 수 있으며, 창업한 지 3년 미만인 중소기업 대표자도 가능하다. 입소기간은 1년이고 모집 인원은 240명(2012년)이다. 최대 1억 원까지 창업자금을 지원한다.

제물포스마트타운 (www.jst.or.kr)

　제물포스마트타운은 인천정보산업진흥원 산하 기관으로서, 창업 희망지가 인천광역시인 예비 창업자를 선발하여 실질적인 창업교육과 함께 창업준비를 위한 창업공간을 제공하고 창업자금을 지원하는 등, 창업 단계 전 분야를 일괄 지원하여 예비 창업자를 우수한 기업가로 적극 양성한다. 창업 희망지가 인천인 것만 제외하면 중진공 청년창업사관학교와 유사하다. 특히 수료 중에는 지식재산권 출원비 지원, 창직 인턴제 연계 지원 등을 지원하고, 수료 후에는 창업경진대회 참가 시 특별부 참가자격을 부여한다. 창업경진대회에서 수상하면 사업화 자금을 최대 3억 원까지 지원해준다. 수료 후 6개월 이내에 관내 창업할 경우 전원에게 사업화 자금을 200만 원까지 지원한다. 모집 인원은 기수 당 50여 명이고, 교육 기간은 약 4개월이다.

창업을 준비하는 과정에서 또 하나 중요한 것이 특허 관련 사항이다. 특허 등의 지적 재산권과 무관한 아이템이라면 문제가 없겠지만, 조금이라도 신규성, 창조성이 있다면 특허 검색을 필히 해보아야 한다. 자기 아이템과 유사하거나 같은 상품이 시중에 나와 있지 않다고 해서 특허도 등록되지 않았다고 단정지으면 나중에 큰 낭패를 볼 수 있다.

특허정보검색서비스는 초보자도 쉽게 검색할 수 있도록 구성되어 있다. 지식 재산권과 관련하여 특허, 실용신안, 디자인, 상표, 심판 등을 국내는 물론 미국 등의 12개 국가 해외 특허정보를 제공하고 있다. 특별히 회원가입을 하지 않아도 검색이 가능하며, 검색 초보자를 위해 검색방법에 대한 도움말을 제공하고 있기 때문에 변리사에게 의뢰하기 전에 직접 검색해보는 것이 좋다. 또 특허검색뿐 아니라 특허 신청서류도 직접 작성해보는 것이 여러 가지로 유익하다. 물론 처음에는 특허 전문용어나 어려운 서류작성 지침 때문에 힘들 수도 있지만, 자기 아이템과 유사한 특허를 검색하여 비슷한 형식으로 작성해보는 방법으로 극복할 수 있다. 나중에 변리사에게 의뢰하더라도 특허서류를 직접 작성하다 보면, 자기 아이템에 대하여 자체적으로 검증도 되고 나중에 변리사에게 의뢰할 때 수수료를 절약할 수도 있다.

정책자금을
적극 활용하라

정부에서는 높은 실업률을 조금이나마 해결하기 위해 올해에도 창업 지원 자금을 대폭 늘리는 등 각종 형태의 창업지원 사업을 하고 있다. 창업에 관련된 효과적인 아이디어가 있는 창업 지원자라면 이렇게 정부에서 적극적으로 지원하는 각종 창업지원 자금을 이용해 창업하는 것이 유리하다. 그러면 창업과정에서의 자금부담과 실패했을 경우의 경제적, 심리적 타격을 덜어주게 된다. 그 외에 또 하나 중요한 이유가 있다. 창업자금 지원사업을 신청하여 창업자금을 지원 받으려면 우선 사업 계획서를 제출해야 한다. 그러면 자금을 지원해주는 기관에서는 지원자의 사업 계획서를 검토하여 자금지원 여부를 결정한다. 즉 사업에 대한 검증을 한다는 것이다. 자신의 아이디어는 단지 자신만의 아이디어일 뿐 사업 아이템은 아니었던 것이 처음으로 제3자에게 검증을 받아 사업 아이템으로 출발하는 것이다. 이때 다행히 선정돼서 사업자금을 지원받아 사업을 시작하게 되면 어느 정도 자신감이 생기고, 그 자신감을 바탕으로 원활하게 사업을 할 수 있을 것이다. 그러나 이때 선정되지 못하면 사업 아이디어의 부적합성, 사업 계획의 미흡 등 여러 가지 이유가 있을 것으로 보이지만, 그런 문제점들을 충분히 인식하고 수정, 보완하여 다시 지원하면 된다. 어쩌면 한 번에 선정되는 것보다 두세 번 탈락의 아쉬움이 있을 때 더욱 단단한 사업 계획을 수립할 수 있고 실패 확률도 많이 낮출 수 있을 것이다. 창업자가 감당할 수 있는 규모의 창업자금이라 하더라도, 자기 자금을 직접 투자하는 것보다는 정부의 창업자금 지원사업에 적극 지원해서 사업 계획서에 대해 제3자의 검증을 받는 것이 더 중요하다. 정부가 기업이나 예비 창업자에게 지원하는 정책자금은 무려 150여 가지가 있으며, 관계 기관도 기술보증기금, 창업진흥원 등 여러 곳이 있다. 이렇게 포괄적인 정책자금은 융자자금, 출연자금, 지원자금, 투자자금으로 크게 나눌 수 있다. 예비 창업자는 이 중에서 융자나 투자가 아닌 출연자금과 지원자금에 집중하여 지원하는 것이 좋다. 출연자금은 소요자금의 최고 75%까지 지원하며, 개발 성공 후에 지원금의 일부를 분할 상환하는 조건으로 지원해준다. 지원자금은 상환조건 없이 소요자금의 대부분 또는 전부를 무상으로 지원하는 자금이다. 지원자금이나 출연자금은 표에서 보는 바와 같이 대부분 전반기에 시행되며, 관련 자료는 2012년(일부는 2011년)을 기준으로 작성하였다.

사 업 명	구분	지원 대상	주관(수행) 기관	지원한도 (백만원)	지원 시기
실전창업리그 「슈퍼스타 V」	지원	예비 창업자 등	창업진흥원		4월
예비 기술창업자 육성사업	지원	예비 창업자 및 1년 이내 창업기업	대학·연구기관 등	50	3월
청년창업사관학교	지원	예비 창업자 및 3년 이내 창업기업	중소기업진흥공단	100	1,2월
제조기반 창업 아이템 상품화 지원	지원	예비창업자 및 1년 이내 창업기업	창업진흥원	50	2월
선도벤처연계기술창업지원	지원	예비창업자 및 1년 이내 창업기업	벤처기업협회	90	2월
연구원 특화형 예비 창업자 육성	지원	연구원 예비 창업자(팀)	창업진흥원	100	1월
맞춤형 창업사업화 지원	지원	예비 창업자 및 1년 이내 창업기업	대학·연구기관 등	50	5월
지식거래 조건부 사업화 지원	지원	1인 창조기업	창업진흥원	50	3월
(지식 서비스 분야) 아이디어 상업화 지원사업	지원	예비 창업자 및 3년 이내 창업기업	소상공인진흥원	40	2월
신 사업 비즈니스 모델 개발 및 사업화 지원사업	지원	예비 창업자 및 업종 전환자(재창업자)	소상공인진흥원	25	6월
창업성장 기술개발사업	출연	중소기업	중소기업청	200	2월
1인 창조기업팀 기술개발사업	출연	1인 창조기업과 중소기업	중소기업청	100	4월
소프트웨어 창업활성화 지원사업	출연	창업 2년 이내 관련 기업(예비 창업자 포함)	정보통신산업 진흥원	50	5월
콘텐츠 산업기술 지원	출연		콘텐츠진흥원	300	2월
우수만화 글로벌 프로젝트	출연		콘텐츠진흥원	70	3월
만화 창작기반 조성	출연		콘텐츠진흥원	50	3월

이외에도 서울시 등 각 지방자치단체와 여타 기관에서 연중 수시로 창업자금 지원사업이 시행된다.

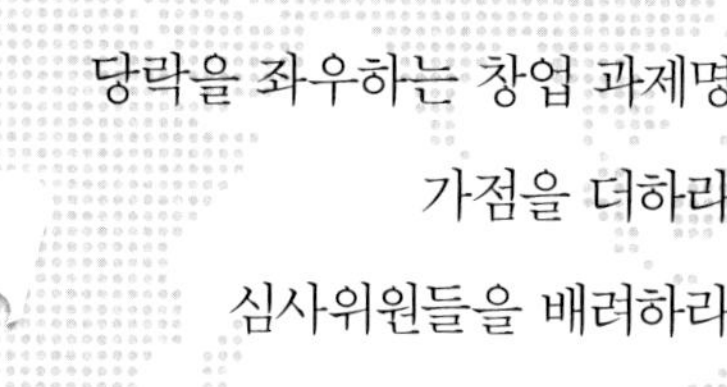

사업 계획서의 시작과 끝 Ⅲ

창업을 하는 데 있어서 가장 부담스러운 부분은 자금이다. 보통 돈을 벌려는 목적으로 창업을 하는데, 창업에는 우선 자금이 투여되지만 투입된 자금의 회수가 불투명하기 때문에 더욱 부담스럽다. 하지만 누군가에게 투자를 받고 시작한다면 그 부담을 상당 부분 줄일 수 있다. 정부에서는 취업난과 조기퇴직 등의 사회문제를 해결하고 산업경제를 활성화하려는 노력으로 몇 년 전부터 창업에 대한 여러 가지 지원정책을 펴고 있다. 그러나 이러한 좋은 정보를 몰라서 활용 못 하는 경우도 있고, 어떻게 해야 하는지 몰라서 못 하는 경우도 많다. 정부의 창업자금 지원사업의 기본은 각 사업별로 제시하는 사업 계획서의 작성으로부터 시작된다. 사업 계획서를 토대로 서류평가와 발표평가(또는 면접)가 이뤄지기 때문이다. 한 마디로 창업자금을 지원받으려면 사업 계획서를 잘 써야 한다. 여기서는 창업을 준비하거나 시작할 때 받을 수 있는 정부 지원사업을 예로 들어 실제 지원 시 제출하여 선정된 사업 계획서의 사례를 가지고 간단한 사업 계획서 작성 방법과 팁을 소개하고자 한다.

먼저 지원하고자 하는 사업의 공고문을 통해 사업의 성격과 자신이 지원할 수 있는지, 신청기간은 언제까지인지, 절차는 어떻게 되는지 등을 꼼꼼히 살펴본다(사업마다 사업의 전반적인 내용이 수록된 운영지침이 제공되지만, A4 100장 이상의 분량이므로 먼저 공고문을 참조한다). 지원하기로 결정했다면 사업 계획서의 구조와 평가 기준을 살펴보자. 보통 사업별로 제공되는 기본 사업 계획서의 양식과 구성이 평가 기준과 동일하기 때문에, 새로운 뭔가를 만드는 것보다 기본 양식에 맞춰 작성하는 것이 좋다(사업 계획서 양식의 각 항목과 네모상자 안의 설명에 최대한 부합되도록 작성).

【별지 제3호 서식】

<table>
<tr><td colspan="2" rowspan="2">「예비 기술창업자 육성사업」
참 여 신 청 서 [예비창업자용]</td><td>☐ 중점</td></tr>
<tr><td>☐ 일반</td></tr>
</table>

창 업 과 제 명									

예비창업팀원(최대3인)	대표	성 명		전공		연락처	핸드폰		전화	
		소 속[1]		직위			이메일			
		주 소								
	팀원1	성 명		전공		연락처	핸드폰		전화	
		소 속[1]		직위			이메일			
		주 소								
	팀원2	성 명		전공		연락처	핸드폰		전화	
		소 속[1]		직위			이메일			
		주 소								

사업비	구 분	현 금	현 물	합 계
	정부지원[2]	천원	–	천원
	사업자부담[3]	천원	천원	천원
	주관 기관	–	천원	천원
	합 계	천원	천원	천원

사 업 기 간[4]	20 . . . ~ 20 . . .	창업 (예정)일	년 월 일

기 술 분 야	☐ 기계·재료 ☐ 전기·전자 ☐ 정보·통신 ☐ 화공·섬유 ☐ 생명·식품 ☐ 환경·에너지 ☐ 공예·디자인 ☐ 기타

중점지원 분야[5]	녹색기술 ☐ 신재생 에너지 ☐ 에너지 효율 향상 ☐ 친환경 신성장동력 ☐ 방송통신 융합 ☐ IT융합서비스 ☐ 로봇 응용 ☐ 신소재 나노 ☐ 바이오 제약 의료기기 ☐ 고부가 식품산업 ☐ 콘텐츠 ☐ S/W

예비 기술창업자 육성사업 운영지침에 따라 붙임과 같이 사업 참여 신청서를 제출합니다.

[붙임] 1. 사업화 계획서 1부
　　　 2. 개인(기업)정보 제공 및 신용정보조회 동의서 1부
　　　 3. 재학증명서(재학생 중 사업 참여 희망자에 한함)
　　　 4. 가점 관련 서류 1부(해당자에 한함)

년　　　월　　　일

신 청 자 :　　　　　　(인)

주관 기관장　귀하

1) 현재소속 : 예비 창업자의 경우 '예비 창업자', 재직자의 경우 '현 직장명'을 기재
2) 정부지원 : 총 사업비의 70% 이하
3) 사업자 부담 현금 : 총 사업비의 10% 이상 **(학생은 5% 이상)**
　 사업자 부담 현물 : 주관 기관과의 협의를 통한 주관 기관 분담 현물 확인 후 기재
4) 사업기간 : 사업 신청일로부터 1년 이내 기재**(사업자 협약 시 사업기간 재조정)**
5) 중점지원 분야 신청에 한해 해당 분야 선택 시 [별표 제1호]의 중점지원 분야 아이템 참조

【별지 제3호 서식 붙임1】

「예비 기술창업자 육성사업」
창업과제 사업화 계획서

I. 신청자 현황(팀으로 신청 시 양식을 복사하여 팀원별 기재)

성 명						주 민 등 록 번 호	
창업(예정)일			년 월 일				

학 력[1]	기 간		학 교 명	수 학 상 태	전 공	학 위	
	부터	까지					
	. .	. .		졸업, 수료, 중퇴			
	. .	. .		졸업, 수료, 중퇴			

경 력[2]	기 간		근 무 처			담당 업무	
	부터	까지	근무처 명	주요 제품	전화번호	(최종 직위)	
	. .	. .					
	. .	. .					
	. .	. .					

지식 재산권 보유 현황	권리구분	☐ 특허	☐ 실용신안	☐ 상표	☐ 디자인
	등록여부	☐ 등록완료			☐ 출원중
	세부내용	등록(출원)번호			
		등록(출원)인			
		등록(출원)명칭			
	권리구분	☐ 특허	☐ 실용신안	☐ 상표	☐ 디자인
	등록여부	☐ 등록완료			☐ 출원중
	세부내용	등록(출원)번호			
		등록(출원)인			
		등록(출원)명칭			

특기사항[3]	☐ 신청과제와 관련된 특허권 또는 실용실안권 보유자 (　　　)
	☐ 최근 2년 이내 중소기업청 주최 창업경진대회 입상자(지방청 시행대회 포함) (　　　)
	☐ 명장 또는 기능경기대회 입상자 (　　　)
	☐ 최근 2년 이내 국제기능올림픽 입상 경력자(　　　)
	☐ 여성(창업기업의 경우 대표자)(　　　)
	☐ 장애인(창업기업의 경우 대표자) (　　　)
	☐ 최근 2년 이내 특허청 대학창의발명대회 수상자 (　　　)
	☐ 최근 2년 이내 중소기업청, 전담기관 및 주관기관 기술창업교육과정 이수자 (　　　)

평가면제 사항[4]	☐ 중소기업청 주최 2011년 대한민국 실전창업리그 우수상 이상 수상자 (수상내역: 　　　)
	☐ 직전 또는 당해 연도 중소기업청 지원 기술창업아카데미 수료자 중 기술보증기금 평가 B등급 이상 (평가년도:)

1) 학력 : 최종학위 순으로 기재
2) 경력 : 직장근무 경력, 개인 및 법인 사업자 운영 경력 등을 모두 기재하며, 휴·폐업 경력 있을 경우 병행 기재
3) 특기사항(해당란 표시)
   - 지식 재산권은 권리권자, 지식 재산권명(특허, 실용신안), 등록번호 기재
   - 창업교육 이수자는 시행기관명, 교육명, 이수년도 기재, 창업경진대회 수상자는 입상년도, 수상내역 기재
4) 평가면제 대상자의 경우에도 참가신청 자격을 충족해야 사업에 선정될 수 있음

Ⅱ. 창업과제 사업화 계획

1. 창업가적 자질

1-1. 창업을 위한 역량

* 본인이 생각하는 기업가적 자질과 창업목표를 서술

1-2. 사업화 추진을 위한 사전준비 현황

* 창업 관련 전공 또는 교육이수, 연관 분야 재직경험, 지재권 확보, 네트워크 보유 및 사업화 자금
  의 조달 정도 등 사업화를 위해 준비했던 노력을 설득력 있게 서술

2. 창업 계획

2-1. 창업 아이템의 개요

* 창업 아이템의 개발 이유, 용도, 수요자, 경쟁 제품 등을 서술

2-2. 시장 수요조사 결과

* 본인이 생각하는 시장수요 및 사업성에 대한 분석 결과의 근거를 객관적 또는 주관적으로 서술

2-3. 창업 계획

* 창업 일정 및 형태 등을 구체적으로 서술

3. 사업화 계획

3-1. 시제품 제작 계획

* 시제품 제작 소요비용 근거 및 세부 제작 계획을 서술

3-2. 생산 계획

* 시제품 제작 완료 이후 재품생산 시설 구축 및 생산 계획을 서술

3-3. 홍보 및 판매 계획

* 완성품의 홍보 및 판매 계획을 서술

4-1. 전문 인력

* 주관 기관 소속 전문 인력(교수, 연구원 등)의 기술 및 경영 지원과 시제품 제작 협업 등 지원 희망 사항

4-2. 기자재 등 인프라

* 주관 기관 보유 시제품 제작 관련 기자재 및 공간 등의 지원 희망사항

4-3. 기타 희망사항

* 주관 기관 보유 창업·중소기업 지원 네트워크 등 기업지원 역량을 통한 지원 희망사항

III. 주요 추진일정

세부 사업화 내용	M1	M2	M3	M4	M5	M6	M7	M8	M9	M10	M11	M12	비고

IV. 사업비 산정내역

1. 총 사업비 조성내역

분담내역	계	정부지원	주관기관부담현물	기술창업자 부담금	
				현물	현금
사업비(천원)					
분담비율(%)	100%	70% 이내	20% 이내[1]		10% 이상[2]

★ 현물분담 산출내역 :

1) 대학생은 25% 이내
2) 대학생은 5% 이상

2. 비목별 사업비

세부항목	산출근거	금액(천원)			비 고 (%)
		현금	현물	계	
시제품 제작비					
– 인건비					
– 외주 용역비					
– 재료비					
– 기자재 구입비					
– 기자재 임차료					
기술정보 활동비					
마케팅비					
합　　계					

★ "현물"은 신청자 부담 외에도 주관 기관에서 제공하는 현물액도 작성 가능. 비고란에 구분하여 작성
★ 주관 기관이 창업선도대학인 경우, 사업비 현물은 주관 기관에서 전액 부담
★ 세부항목의 계상 기준은 [별표 제2호] 참조

V. 중복지원 검토 확인 요청사항

수혜자	사업명	과제명	지원기관	지원기간	지원금액(천원)

* 신청인(팀원 포함)이 정부(지자체), 공공기관 등으로부터 지원받은 기술개발 자금 및 창업지원 자금 등을 모두 기록(최근 3년 이내)

* 사업을 수행하였음에도 위에 기재하지 않는 등의 허위사항이 발견될 경우 선정 취소 및 정부 지원금 환수 조치(향후 정부지원 사업 참여 제한이 될 수 있음)

「예비 기술창업자 육성사업」
중점지원 분야

☐ 구성 체계

구분	지원 분야	중분류	세분류
녹색기술	**3개 분야**	8개 분야	50개 아이템
신성장동력	**8개 분야**	37개 분야	74개 아이템
계	**11개 분야**	45개 분야	124개 아이템

I. 녹색기술 분야

지원 분야	중분류	세분류
신재생에너지 **(24개 아이템)**	태양광발전(7)	고효율 저비용 결정질 실리콘 태양전지
		결정질 실리콘 태양전지용 모듈화/패키징 부품 소재
		고효율 실리콘 박막 태양전지
		실리콘 박막 태양전지용 유리기판 및 기판 대체 소재
		실리콘 박막 태양전지의 BIPV 응용제품
		CIGS 태양전지용 친환경 화합물 반도체 소재
		저비용 고효율 CIGS 박막 태양전지
	풍력발전(11)	피치/요 시스템
		로터/피치/요 베어링
		유압 및 제동장치
		발전기 및 제어장치
		전력 변환장치/ 변압기
		동력 전달장치
		블레이드 소재
		소형 풍력발전 시스템
		풍력발전 시스템 설계 TOOL
		풍력발전 시스템 시험기기
		풍력자원 조사기기
	바이오에너지(6)	고효율 목질 고형연료
		바이오가스를 원료로 한 고부가가치(LNG 대체용 등) 연료
		저비용 친환경 생산을 통한 바이오디젤
		바이오디젤 생산 부산물(글리세린)
		연속 발효 방식에 의한 바이오에탄올
		바이오에탄올 생산을 위한 저비용 분리정제 공정

지원 분야	중분류	세분류
에너지효율향상 (16개 아이템)	차세대 조명(6)	가시광 통신용 LED 조명
		의료용 파장가변 LED 조명
		연색성 및 효율 향상 LED 형광등
		차세대 LED 소재 (확산 및 방열 소재)
		LED 조명용 구동장치
		장 수명 및 눈의 피로가 적은 LED 전구 소재
	히트펌프(6)	지열 히트펌프
		CO2 히트펌프
		히트펌프 냉온수기
		해수 히트펌프
		하수 히트펌프
		흡착식 히트펌프
	그린 IT(4)	고효율 전동기
		대기전력 절감기기
		정보기기
		고효율 공조기기
친환경 (10개 아이템)	폐기물 에너지화(5)	폐플라스틱 열분해 시스템
		폐타이어 열분해 시스템
		RPF 탈염 시스템
		폐기물 가스화 시스템
		Biogas화 시스템
	폐기물 자원화(5)	종합 자동선별 시스템
		도시 광석 자원화 시스템
		우수 복합 재생제품
		친환경 고도회수 신공정
		무해화, 무배출 시스템

II. 신성장 동력 분야

지원분야	중분류	세분류
방송통신융합분과 (7개 아이템)	차세대 IPTV	IPTV 서비스 플랫폼
		IPTV 헤드엔드 시스템
		모바일 IPTV 전송 시스템
		지능형 융복합 IPTV 단말
	실감DTV 방송	3DTV 방송시스템
	차세대무선통신	융복합 무선통신 단말
		초고속 근거리 무선통신 시스템
IT융합시스템분과 (12개 아이템)	차세대 센서네트워크	실시간 에너지 절감(AMI) 시스템
		개별물품 인식 RFID
		광역 USN 통신시스템
		지능형 RFID/USN 미들웨어
		지능형 무인경비 시스템
	차세대 디스플레이	OLED 조명
	지능형그린 자동차	IT융합 그린전장 및 전동화 기술
	DIGITAL 선박	지능형 선박항해 정보시스템 (INIS)
	웰페어 융합 플랫폼	헬스케어용 단말기를 위한 생체신호 처리 분석 시스템
		홈 헬스케어 서비스 시스템
		헬스케어용 디바이스 인터페이스 시스템
	시스템반도체	정보통신반도체
로봇응용분과 (9개 아이템)	고부가 의료서비스 로봇	실감형 수술 로봇 시뮬레이터(2)
		정밀 관절 수술 로봇
	청정생산용 첨단제조 로봇시스템	차세대 에너지/정보소자 제조 로봇
		팩토리로봇
	라이프케어 로봇	생활 도우미 로봇
		탑승형 로봇
	지속가능 사회안전 로봇시스템	환경감시 로봇시스템
		감시경계 로봇시스템
		재난방재 로봇시스템
신소재·나노융합 분과 (8개 아이템)	Ionic Liquid 소재	전해질/나노 융합소재
	초경량 마그네슘 소재	고기능 마그네슘 부품
	기능성 나노필름	전도성 나노필름
		고강성/저마찰/초발수 나노필름
		광학용 나노필름
	나노탄소 융합소재	나노탄소 복합소재
		그래핀 소재
		탄소나노섬유 소재

지원 분야	중분류	세분류
바이오 제약·의료기기 분과 (12개 아이템)	고령친화 의료기기	삶의 질 향상 고령친화 기기
		고령친화 이동, 생활 지원 기기 및 시스템
		노인성 질환 극복 의료기기
	바이오 자원·신소재·장기 개발	신품종 종자 육성
	바이오 의약품	유전자 치료제
	첨단 의료영상 진단기기	분자영상 진단기기
		Functional 3차원 초음파 진단기기
		PET 영상용 방사성 의약품 자동합성 장치
		Monochromatic x선 기기
	메디-바이오 진단 시스템	소형, 의료용 질량분석 기반 진단기기
	바이오매스 유래 바이오 화학제품	바이오 플라스틱
		기능성 바이오 화학소재
고부가식품산업분과 (6개 아이템)	친환경 안심식품	식품 안전인자 검지 시스템
		유기식품
	기능성 식품	기능성 소재
	웰빙 전통식품	저염화 전통 발효식품(2%이하)
		명품 천일염
	U-식품시스템 (Ubiquitous Food System)	식품 유통환경 조절 시스템
콘텐츠분과 (9개 아이템)	게임	전문 분야 기능성 게임
	가상현실 콘텐츠	가상 융합형 산업 콘텐츠
		모바일 혼합현실 기반 체험 투어
	차세대 영상뉴미디어	오감 체험형 디지털 시네마
	융복합 콘텐츠	체감형 스포츠 콘텐츠
		u-러닝 및 학습 서비스
		콘텐츠 보호 유통 서비스
	창작공연 전시	실감 몰입형 인터랙티브 전시
		디지로그 공연/무대
소프트웨어 분과 (11개 아이템)	사회 안전 시스템	공공용 안전 시스템
		개인용 안전 시스템
	지능형 인터페이스	음성 인터페이스 SW
		다국어 언어처리 SW
		멀티모달 인터페이스 SW
	차세대 웹	모바일 및 유비쿼터스웹 SW
	임베디드SW	초소형 운영체제 플랫폼
		정보 가전용 임베디드 SW 플랫폼
		휴대 단말용 임베디드 SW 플랫폼
	공개 SW	그린 SW 플랫폼
		SaaS 플랫폼

【별표 제2호】

「예비 기술창업자 육성사업」
비 목 별 계 상 기 준

비 목	계 상 기 준

직접성
경비
	◦ 시제품 제작비(총 사업비의 60% 이상)
	 - 인건비
	  · 기술창업자 및 창업기업에 소속된 기존 직원이 당해과제 수행에 직접 참여하는 경우, 과제 참여율에 따라 현물로만 계상 가능. 본 사업을 위하여 협약 만료일 3개월 이전까지 신규 채용하는 인력(4대 보험 가입)에 한하여 인건비 적용범위 내에서 현금으로 계상 가능
	   ★ 중소기업청 또는 타 기관 과제의 참여율의 합이 100%를 초과할 수 없음
	   ★ 인건비는 전년도 근로소득에 준하여 지급하며(근로소득원천징수 확인서), 근로소득이 없을 경우 아래의 기준을 적용한다.(100% 참여 시)
	     학사과정(학사 미만 포함) : 월 100만 원,　 학사(석사과정 포함) : 월 150만 원
	     석사(박사과정 포함) : 월 200만 원,　　 박사 : 월 250만 원
	  · [별표5호]의 지식 서비스 분야 업종의 경우 시제품 제작비의 70%까지 인건비 계상 가능, 이외 업종은 시제품 제작비의 50%까지 인건비 계상 가능(주관 기관 선정 평가 시 인건비 승인 필수)
	 - 외주 용역비
	  · 창업자 본인이 시제품 제작이 불가능할 경우에 한하여 지급할 수 있으며, 외주 용역 계약은 (세금)계산서 발행이 가능한 회사에 한함. 개인과의 외주 용역 계약 불가
	 - 재료비
	  · 시제품 제작에 투입되는 물품으로서, 부품 또는 가공품 등의 물품 구입에 소요되는 경비(견품, 시약, 재료 구입비 등)
	 - 기자재 구입비
	  · 시제품 제작을 위해 활용되는 자산성 물품 구입 등(총 사업비의 10% 이내 계상)
	 - 기자재 임차료
	  · 시제품 제작을 위해 활용되는 자산성 물품 임차에 소요되는 경비(실험장비의 임차비와 관련 부대비용)
	◦ 기술정보 활동비(총 사업비의 20% 이내 계상)
	 - 주관 기관 전문가를 멘토로 지정했을 경우 멘토 활동비
	  · 멘토는 중소기업창업지원법 시행령 제6조 제1항에 따른 전문 인력 요건을 갖춘 자로 멘토 활동과 장소는 창업자와의 협의 하에 지정
	  · 멘토는 1회 최대 4시간을 초과하지 못하며 시간당 비용은 5만 원을 초과 금지
	  · 멘토링 비용은 매월 최대 70만 원, 지도인력은 최대 2인 이내
	 - 외부 전문가를 통한 기술 및 경영 자문의 경우도 주관 기관 멘토 활동비에 준하여 계상
	 - 시장정보 획득, 보완기술 교육, 도서 등 문헌 구입비 등(회의 관련 식대비 불인정)
	 - 창업과제의 사업화를 위한 지식 재산권 출원·등록비, 시험 분석료, 제품 인증비 등의 소요비용
	◦ 마케팅비
	 - 창업과제의 마케팅 활동을 위한 국내외 전시회 참가비, 제품 홍보물 제작 및 홍보비, 카탈로그 제작비, 영상 제작비, 온라인 쇼핑몰 입점비, 홈페이지 또는 쇼핑몰 제작비
	◦ 자율 프로그램 운영비
	 - 주관 기관의 주력업종 및 서비스 분야에 대한 자율 프로그램의 운영에 소요되는 강연료, 공간 임차료, 인쇄비, 홍보비 등 실 소요경비로 기술창업자의 사업비와 분리 운영(정부 지원금의 10% 이내)

간접성
경비
	◦ 사업경비
	 - 사업홍보, 평가 및 중간·결과 점검 수당, 창업 준비 공간 조성 등
	◦ 인건비
	 - 전담 및 겸직 인력 인건비 및 지원 인력 수당
	  · 간접비의 80% 한도로 계상 가능하며, 인건비의 70% 이상은 반드시 전담 인력의 인건비 및 수당으로 집행하여야 함
	  · 초과근무, 휴일근무 등 수당의 지급 시 전담·겸직 인력에 대한 동일기준 적용 원칙
	◦ 여비
	 - 주관 기관 내부 규정에 따라 지급하며, 규정 미비 시 공무원 여비 지급규정 준용
	◦ 일반 수용비
	 - 사업 운영을 위한 소모품비, 일반 수수료, 제세공과금 등
	◦ 업무 추진비
	 - 사업 운영과 직접 관련된 회의비 사용으로, 회의비는 일인당 3만 원을 초과할 수 없으며, 간접성 경비 총액의 5% 이내에서 계상

지식 서비스 분야 대상 업종 현황

□ 대분류가 지식 서비스 분야인 경우

중분류	소분류	중분류	소분류
경영전략/금융/무역 서비스	전자금융 서비스	디자인 서비스	제품·환경·인테리어디자인 기술
	투자분석/위험관리 기법		시각·포장디자인 기술
	기술사업화/가치평가 기법		디지털·멀티미디어디자인 기술
	비즈니스모델링/프로세스 관리/시뮬레이션 기술		패션·텍스타일디자인 기술
	서비스 표준화/품질관리		공예디자인 기술
	서비스 네트워크/협업지원		기타 디자인서비스 기술
	지식창출/유통/평가기술	인적자원 역량개발 서비스	지능형 학습 지원/관리 기술
	인사관리/법무/회계 서비스		감성 시스템 및 처리 기술
	전자무역 서비스		인간-시스템 상호작용 기술
	기타 경영전략/금융/무역 서비스 기술		뇌 인지기반 인간 수행능력 향상 기술
			기타 인적자원 역량 개발 서비스
연구개발/엔지니어링 서비스	생산관리/계량분석 기법	유통/물류/마케팅 서비스	지능형 기업물류 지원 기술
	생산공정 모델링/시뮬레이션		유통물류 응용 기술
	설계정보 통합관리/협업 시스템 성능향상 기술		시장조사/마케팅 관리 기술
	제품품질 관리 기술		소비자행동 모델링/테스트 기법
	시험/검사/분석기법		지능형 고객관계 관리 기술
	지식 재산권 분석/관리 기술		기타 유통물류/마케팅 관련 기술
	첨단/친환경 소재 응용포장(패키징) 기술	부가가치/사후관리 서비스	재제조 서비스/제품·서비스 시스템(PSS)
	사업설비-시설물 조사/설계/예측/평가/관리 기술		제품-서비스 유지/운영/사후관리
	기타 연구개발/엔지니어링 관련 기술		문화-의료-환경기반 지식표현/지능형 융합 서비스 기술
			방송/광고/영화미디어 관련 기술
			기타 부가가치/사후관리 서비스

□ 소분류가 S/W 및 설계기술 등에 해당하는 경우

대분류	중분류	소분류
기계·소재	정밀생산기계	CAD/CAM 관련 S/W
	에너지/환경 기계 시스템	에너지/환경 기계 시스템 관련 S/W
	요소부품	요소부품 관련 S/W
	로봇/자동화 기계	로봇 설계 기술
		로봇 제어 및 지능화 기술
		로봇/자동화 기계 관련 S/W
	산업/일반기계	산업/일반기계 S/W
	조선/해양 시스템 관련 SW	조선/해양 시스템 관련 S/W
	항공/우주 시스템	항공/우주 시스템 관련 S/W
	나노·마이크로 기계 시스템	나노·마이크로 기계 시스템 관련 S/W
	주조/용접	주조/용접 관련 S/W
	소성가공/분말	소성가공 관련 S/W
	청정생산	환경 친화적 제품설계 기술
전기전자	반도체 소자 및 시스템	설계 Tool
화학	화학공정	공정 시스템 기술
바이오·의료	바이오공정/기기	바이오엔지니어링 기술
	치료기기 및 진단기기	지능형 판독 시스템
	의료정보 및 시스템	한의정보 표준 시스템
		원격 및 재택 의료기기
		의료정보 표준화
		U-EHR (electronic health record)
		병원 의료정보 시스템 및 설비
		기타 의료 정보 시스템

대분류	중분류	소분류
정보통신	이동통신	이동통신 서비스
	디지털 방송	디지털 방송 서비스
		디지털 방송 콘텐츠
	광대역 통합망	서비스 및 제어
	홈 네트워크	홈 네트워크 응용 및 서비스 기술
	RFID/USN	RFID/USN 서비스
	U-컴퓨팅	U-컴퓨팅 플랫폼 및 응용 기술
		서버 기술
	소프트웨어	임베디드 SW
		SW 솔루션
		System Integration
		Internet SW
	디지털 콘텐츠	컴퓨터 그래픽
		가상현실
		콘텐츠 창작 기획
		디지털 콘텐츠 제작 및 유통
		게임 및 u-러닝
	정보보호	서비스 및 응용 보안
		네트워크 시스템 보안
	ITS/텔레매틱스	ITS 응용 서비스
		텔레매틱스 응용 서비스
에너지·자원	송·배전 계통	전력 계통 감시·운영 기술
		전력 계통 계획 기술
		전력시장 운용 기술
		수요 예측·관리 기술
	전력 IT	IT 기반 고부가 서비스 기술
		지능형 전력망 플랫폼 기술
	원자력	노심해석 기술
		원전 안전평가 기술
		신원전 기술

「예비 기술창업자 육성사업」
기술창업자 서류평가표

주 관 기 관 명		기 술 창 업 자 명	
창 업 기 업 여 부	☐ 예비창업자 ☐ 창업기업	지 원 분 야	예) 전기전자-중점
과　　제　　명			
중 복 제 한 여 부	☐ 해당 없음 ☐ 중복 제외대상 해당(참여사업명:　　　　　　　）		

평 가 항 목		평가 등급					평점
		매우우수	우수	보통	미흡	불량	
I. 창업을 위한 준비성 (10)	창업 관련 교육 이수, 유사 직정 재직경험, 지재권 확보, 사업화를 위한 네트워크 보유 및 자금조달 정도 등	10	8	6	4	2	
II. 창업사업화 계획의 적정성 및 실현 가능성(20)	창업사업화 추진 계획의 적정성	10	8	6	4	2	
	창업사업화 실현 가능성	10	8	6	4	2	
III. 창업 아이템의 구현 가능성 (20)	창업 아이템 제작계획의 적정성	10	8	6	4	2	
	창업 아이템의 구체성 및 구현 가능성	10	8	6	4	2	
합　계 (50점)							

평 가 의 견

　본인은 2012년 예비 기술창업자 육성사업의 기술창업자 1차 서류평가를 상기와 같이 평가하였음을 확인합니다.

2012.　　.　　.

소속 :　　　　　　　　　　평가자 :　　　　　　(인)

주관 기관장 귀하

「예비 기술창업자 육성사업」
기술창업자 발표평가표

주 관 기 관 명		기술창업자명	
창 업 기 업 여 부	☐ 예비창업자　　☐ 창업기업	지 원 분 야	예) 전기전자-중점
과　　제　　명			

평가 항목		평가 등급					평점
		매우 우수	우수	보통	미흡	불량	
1. 창업가적 자질(20)	기업가 정신, 창업을 위한 역량 등 보유 여부	20	16	12	8	4	
2. 시장성 (30)	창업 및 창업 아이템 생산 계획의 적정성	15	12	9	6	3	
	창업 아이템 홍보 및 판매 전략의 우수성	15	12	9	6	3	
합　　　계(50점)							

사업비 검토	신청과제의 목표, 내용 등을 검토하여 신청 사업비(천원) ⇒ 적정 예상 사업비(천원)로 산정 표기	신청 사업비(천원)	적정 예상 사업비(천원)

평가 의견

* 신청 사업비를 조정하는 경우 조정항목과 조정사유를 반드시 기술

　본인은 2012년 예비 기술창업자 육성사업의 기술창업자 2차 발표평가를 상기와 같이 평가하였음을 확인합니다.

2012.　　.　　.

소속 :　　　　　　　평가자 :　　　　　　(인)

주관 기관장 귀하

「예비 기술창업자 육성사업」
기술창업자 최종평가 확인서

주 관 기 관 명			기 술 창 업 자	
창업기업여부	☐ 예비창업자　　☐ 창업기업		지 원 분 야	예) 전기전자-중점
과　　제　　명				
평가대상여부	☐ 평가 대상 ☐ 자동추천 대상 　- 창업경진대회 우수상 이상자 (　　　) 　- 기술창업아카데미 수료 후 기술보증기금 아이템 평가 'B'등급 이상자 (　　　)			

[평가 결과]

구　　　분	평점
서류평가 점수 평점(최고점, 최저점을 제외한 평균점수)	
발표평가 점수(최고점, 최저점을 제외한 평균점수)	
가점	
합　　　　　계	
최　종　순　위	최초 신청　　　명 중 ＿＿＿위
지 원 대 상 여 부	☐ 지원 대상　　　☐ 지원제외 대상
지원결정 정부지원금	원

* 자동추천대상자의 경우 평점 합계 란에 '자동추천' 기재

[사업비 심의 결과]

구　　　　　분	신청 사업비		조정 사업비		조정사유
	금액(원)	비율(%)	금액(원)	비율(%)	
정 부 지 원 현 금					☐ 지자체 등 창업지원 　사업 선정
기술창업자부담현금					☐ 평가위원회 자체 심 　의를 통한 조정
창 업 자 부 담 현 물					☐ 기타 사유
주 관 기 관 부 담 현 물					
계		100.0%		100.0%	

[인건비 심의 결과]

인 건 비　심 의 내 용	신청금액 :　　　　　　　원	조정금액 :　　　　　　　원
	시제품 제작비 총액 대비　　%	시제품 제작비 총액 대비　　%
	[지식 서비스 분야 해당 여부]　☐ 해당	☐ 미해당

　　2012년 예비 기술창업자 육성사업 참여 신청자 000의 선정평가를 상기와 같이 시행하였음을 확인합니다.

2012.　　.　　.

평가위원장 :　　　　　　　　(인)

주관 기관장 귀하

사업 계획서를 작성하기 전에 사업 계획서의 구성을 한눈에 볼 수 있
도록 정리해보면 무엇을 어떻게 써야 할지에 대해 전체적인 그림을 그릴
수 있어서 일관성 있게 작성하고 속도감 있게 써내려 갈 수 있다.

[예비 기술창업자 육성사업 사업 계획서 구성]

Ⅰ. 신청자 현황

Ⅱ. 창업과제 사업화 계획

  1. 창업가적 자질

    1-1. 창업을 위한 역량

    1-2. 사업화 추진을 위한 사전준비 현황

  2. 창업 계획

    2-1. 창업 아이템의 개요

    2-2. 시장 수요조사 결과

    2-3. 창업 계획

  3. 사업화 계획

    3-1. 시제품 제작 계획

    3-2. 생산 계획

    3-3. 홍보 및 판매 계획

Tip

사업 계획서의 구조, 구성을 파악할 때 마인드맵을 활용하면 더욱 효과적이다.

당락을 좌우하는 창업과제명

정부에서 지원하는 대부분의 창업자금 지원사업의 '참여 신청서' 양식은 이런 형태로 되어 있다. 사업 계획서와 함께 제출하며 맨 앞에 들어간다. 얼핏 보기에는 쓰는 데 별 어려움이 없을 것 같다. 하지만 간과해서는 절대로 안 될 매우 중요한 내용을 포함하고 있는 곳이 두 군데 있다.

첫 번째는 창업과제명이다. 신청서와 사업 계획서를 통틀어 유일하게 제목을 쓰는 난으로 심사위원들이 가장 먼저 보게 되는 곳이다. 사람의 첫인상이 중요하듯이 아무 정보도 없는 상태에서 아이템을 처음 접하게 되는 순간이기 때문에 이것은 매우 중요하다. 심지어 제목이 심사의 당락을 결정짓기도 한다. 심사위원들의 심사시간이 매우 제한적인 상황이어서 제목만 보고 이후의 사업 계획서를 계속 볼 것인지 말 것인지 판단하는 경우도 있기 때문이다. 사업 계획서 전반에 걸쳐 일반인들도 쉽게 이해할 수 있는 용어를 사용해야 심사위원들이 사업을 이해하고 평가하는 데 어려움이 없다. 그와 마찬가지로 제목도 쉽고 명확하게 제시되어야 한다.

두 번째는 중점 지원 분야다. 자신의 아이템이 중점 지원 분야인지 아닌지에 따라 총 사업비 최고 한도가 달라지기 때문에 가능 여부를 잘 보고 기록해야 한다. 사업 운영지침이나 공고문 맨 뒤를 보면 알 수 있다.

Tip

참여신청서는 사업 계획서를 다 작성한 뒤 맨 나중에 심사 숙고해서 쓰는 것이 좋다.

예비 기술창업자 육성사업 사업 계획서 양식

【별지 제3호 서식】

<table>
<tr><td colspan="4" align="center">「예비 기술창업자 육성사업」
참 여 신 청 서 [예비 창업자용]</td><td>■ 중점
□ 일반</td></tr>
</table>

창 업 과 제 명			▨▨▨ 활용한 ▨▨▨ U-러닝 프로그램 개발						

예비창업팀원(최대3인)

	구분	성 명	이 재 권	전공		연락처	핸드폰	010-	전화	070-
대표	소 속1)	예비 창업자	직위			이메일	jkms0218@gmail.com		
	주 소	서울 ▨▨▨▨▨▨▨▨▨							

팀원1	성 명		전공		연락처	핸드폰		전화	
	소 속1)		직위			이메일			
	주 소								

팀원2	성 명		전공		연락처	핸드폰		전화	
	소 속1)		직위			이메일			
	주 소								

사업비

구 분	현 금	현 물	합 계
정부지원2)	49,000천원	–	49,000천원
사업자부담3)	7,000천원	14,000천원	21,000천원
주관 기관	–	천원	천원
합 계	56,000천원	14,000천원	70,000천원

사 업 기 간4)	2012.5.1. ~ 2013.2.28.	창업 (예정)일	2012년 5월 1일

기 술 분 야

☐ 기계·재료 ☐ 전기·전자 ■ 정보·통신 ☐ 화공·섬유
☐ 생명·식품 ☐ 환경·에너지 ☐ 공예·디자인 ☐ 기타

중점지원 분야5)

녹색기술 ☐ 신재생 에너지 ☐ 에너지 효율 향상 ☐ 친환경
신성장동력 ☐ 방송통신 융합 ☐ IT 융합 서비스 ☐ 로봇 응용 ☐ 신소재 나노
☐ 바이오 제약 의료기기 ☐ 고부가 식품산업 ■ 콘텐츠 ☐ S/W

예비 기술창업자 육성사업 운영지침에 따라 붙임과 같이 사업 참여 신청서를 제출합니다.

[붙임] 1. 사업화 계획서 1부(저장매체 포함)
　　　 2. 개인(기업)정보 제공 및 신용정보 조회 동의서 1부
　　　 3. 재학증명서(재학생 중 사업 참여 희망자에 한함)
　　　 4. 사업자 등록증(旣 창업자에 한함)
　　　 5. 가점 관련 서류 1부(해당자에 한함)

2012년　4월　6일

신 청 자 : 이 재 권 (인)

▨▨▨▨▨ 총장 귀하

---

1) 현재 소속 : 예비 창업자의 경우 '예비 창업자', 재직자의 경우 '현 직장명'을 기재
2) 정부지원 : 총 사업비의 70% 이하
3) 사업자 부담 현금 : 총 사업비의 10% 이상 **(학생은 5% 이상)**
　 사업자 부담 현물 : 주관 기관과의 협의를 통한 주관 기관 분담 현물 확인 후 기재
4) 사업 기간 : 사업 신청일로부터 1년 이내 기재**(사업자 협약 시 사업 기간 재조정)**
5) 중점지원 분야 신청에 한해 해당 분야 선택 시 [별표 제1호]의 중점지원 분야 아이템 참조

가점을 더하라

사업 계획서의 세부내용에 들어가기에 앞서서 신청자 현황을 볼 수 있는 페이지이다. 경력의 경우 아이템과 직접 또는 간접적으로 연관성이 있는 것을 위주로 쓴다. 잘 생각이 안 난다고 해서 되는 대로 쓰지 말고, 과거를 회상하다 보면 약간이라도 관련 있는 일들이 떠오르기도 하므로 최대한 기억을 더듬어 쓰도록 한다. 지식 재산권 보유 현황 란에는 특허와 실용신안, 상표, 디자인 등록 또는 출원한 것을 모두 기록할 수 있지만, 신청과제와 관련되고 등록 완료된 특허와 실용신안만이 가점으로 인정된다. 하지만 가점으로 인정되지 않는다고 해서 쓰지 않는 것보다는, 아이템 개발을 위한 노력을 피력할 수 있으므로 기록하는 것이 좋겠다. 특이사항은 가점 받을 수 있는 항목들이 나열돼 있다. 평가 점수의 차이가 서로 근소한 경우가 많기 때문에 가점 또한 당락에 중요한 역할을 할 수 있다. 창업을 준비하거나 시작한 지 얼마 되지 않은 사업자의 경우, 그 중에서 '최근 2년 이내 중소기업청, 전담기관 및 주관기관 기술창업 교육과정 이수자' 항목이 가장 효율적으로 가점을 받을 수 있으므로 사전에 미리 교육과정을 이수해놓는 것이 좋겠다.

Tip

중소기업청에서 대학 등을 기술창업 아카데미 교육기관으로 지정해 예비 창업자 또는 창업 후 1년 이내 사업자를 대상으로 창업교육을 실시하고, 수료생에 대해 기술평가 및 창업 컨설팅 등을 지원해준다. 2012년의 경우 5월에서 7월 사이 지정된 대학 등 교육기관에서 공지를 통해 수강생을 모집했다. 교육은 무료로 받을 수 있고, 예비 기술창업자 육성사업 등에 지원 시 가점 혜택까지 있다.

「예비 기술창업자 육성사업」
창업과제 사업화 계획서

I. 신청자 현황(팀으로 신청 시 양식을 복사하여 팀원별 기재)

성 명	이 재 권				주 민 등 록 번 호	
창업(예정)일	2012 년 5 월 1 일				▨▨▨▨▨ - ▨▨▨▨▨▨	

학 력1)	기 간		학 교 명	수 학 상 태	전 공	학 위
	부터	까지				
	1995.3	1988.2	▨▨▨고등학교	⊙졸업, 수료, 중퇴		
	1989.3	1997.2	▨▨▨대학교	⊙졸업, 수료, 중퇴	▨▨▨	학사

경 력2)	기 간		근 무 처			담당 업무
	부터	까지	근무처 명	주요 제품	전화번호	(최종 직위)
	2000.04	2008.03	▨▨▨	▨▨▨	▨▨▨	▨▨▨
	2008.10	2010.07	▨▨▨	▨▨▨	▨▨▨	▨▨▨
	2011.02	2011.06	▨▨▨	▨▨▨	▨▨▨	▨▨▨

지식재산권 보유현황	권리구분	■ 특허	□ 실용신안	□ 상표	□ 디자인
	등록여부	□ 등록완료		■ 출원중	
	세부내용	등록(출원)번호	10-2011-▨▨▨▨		
		등록(출원)인	이재권		
		등록(출원)명칭	▨▨▨▨▨▨▨▨▨		
	권리구분	□ 특허	■ 실용신안	□ 상표	□ 디자인
	등록여부	■ 등록완료		□ 출원 중	
	세부내용	등록(출원)번호	20-0455651-▨▨▨▨		
		등록(출원)인	이재권		
		등록(출원)명칭	다색 볼펜		

특기사항3)	
	■ 신청 과제와 관련된 특허권 또는 실용실안권 보유자 ( )
	□ 최근 2년 이내 중소기업청 주최 창업경진대회 입상자(지방청 시행대회 포함) ( )
	□ 명장 또는 기능경기대회 입상자 ( )
	□ 최근 2년 이내 국제기능올림픽 입상 경력자( )
	□ 여성(창업기업의 경우 대표자)( )
	□ 장애인(창업기업의 경우 대표자) ( )
	□ 최근 2년 이내 특허청 대학창의발명대회 수상자 ( )
	□ 최근 2년 이내 중소기업청, 전담기관 및 주관기관 기술창업교육과정 이수자 ( )

평가면제 사항4)	
	□ 중소기업청 주최 2011년 대한민국 실전창업리그 우수상 이상 수상자 (수상내역:)
	□ 직전 또는 당해년도 중소기업청 지원 기술창업아카데미 수료자 중 기술보증기금 평가 B등급 이상 (평가년도:)

1) 학력 : 최종학위 순으로 기재
2) 경력 : 직장근무 경력, 개인 및 법인 사업자 운영 경력 등을 모두 기재하며, 휴·폐업 경력 있을 경우 병행 기재
3) 특기사항(해당란 표시)
   - 지식 재산권은 권리권자, 지식 재산권명(특허, 실용신안), 등록번호 기재
   - 창업교육 이수자는 시행기관명, 교육명, 이수년도 기재, 창업경진대회 수상자는 입상년도, 수상내역 기재
4) 평가면제 대상자의 경우에도 참가신청 자격을 충족해야 사업에 선정될 수 있음

심사위원들을 배려하라

서류심사든 발표 또는 면접심사든 심사위원의 평가 결과에 따라 당락이 결정된다. 그렇다면 심사위원들이 어떤 환경에서 심사를 하고 무엇을 보고 싶어 하는지, 심사위원들의 입장을 배려하는 것이 좋겠다. 정부에서 진행하는 창업자금 지원사업의 심사는 대부분 '시간은 짧고 양은 많다.' 여러 가지 이유 때문에 심사위원들은 보통 당일에 심사해야 할 서류들을 접하게 된다. 자세하게 살펴볼 시간적인 여유가 없다는 말이다. 이 사실을 잘 기억하기만 해도 효과적인 사업 계획서를 쓸 수 있다. 심사해야 할 시간은 별로 없는데 이해하기 어려운 제목이나 내용, 용어들이 나온다면 어떤 아이템인지조차 이해하기 어려울 수 있다. 또 글씨체나 간격, 폰트 등을 고려하지 않으면 빠르게 읽는 데 부담이 된다. 이런 몇 가지 사항만 유의해서 써도 그냥 구슬이 보배가 될 수 있다.

바쁜 심사위원들을 배려하는 측면에서 사업 계획서의 요약본을 첨부하는 한 페이지 전략은 매우 효과적일 수 있다.

Tip

심사위원들은 시간이 부족하다.' 라는 사실을 항상 염두에 두자. 내용이 충실한 사업 계획서도 좋지만, 맨 앞에 잘 정리된 1장짜리 요약본이 있다면 심사하기에 좀 더 수월할 것이다. 시간적 여유가 있고 아이템에 관심이 있거나 궁금한 게 있다면 아마 사업 계획서를 뒤적여 그 내용을 찾아볼 수도 있을 것이다. 그런 면에서 요약본도 사업 계획서의 구성, 순서에 맞게 정리하는 게 좋겠다.

요 약 (1Page)

1. 사업 개요

[사업 동기 및 해결하고자 하는 과제]

- 주입식 교육, 학력 지향의 교육문화 등이 만든 사교육의 폐해로 학생 개인과 가정, 사회, 국가의 고통이 갈수록 심각

[해결을 위한 창의적인 아이디어]

- 유비쿼터스 환경을 활용, ███████████████████ 프로그램을 개발하여 효율적인 자기주도학습 시스템을 제공

2. 시제품 생산

- ████████████████ 탑재된 웹 사이트와 앱 프로그램 개발
- ███████████████ 학습효과는 검증되었으나 실천하기 매우 까다로워 적용하는 학생들이 많지 않다는 점에 착안, ████████████████ 개발하게 됨
- ※ ██████████████████████ 실천력을 높일 수 있는 유일한 방법(프로그램)

3. 사업성

[고객의 이익]

- 학생 개인 : 학습의 부담, 스트레스 해소
- 학부모 : 가계 경제 부담 해소
- 국가, 사회 : 경쟁력 향상

[강점 및 차별성]

- 다양한 학습 현장을 직접 경험 → 사교육의 근본적인 문제, 원인 발견
- 학습 효율(EBS, KBS, MBC, SBS 의 학습 관련 프로그램에서 이미 여러 차례 효과 검증)
- 가격 경쟁력 월등, 해결책과 네트워크 보유
- 기회 : 디지털 교과서 조기 시행 예정, e-교과서에 대한 비판(389억의 혈세 낭비)
- 사업 확장성 : 중, 고등, 대학 및 일반, 자격증, 수험생으로 사업 영역 확대 가능

4. 주관 기관 지원 이유 및 각오

[지원 이유]

- 본 예비 기술창업자 육성사업과 관련해 전체 주관 기관을 분석한 결과 학습, U-러닝 분야의 인프라가 가장 잘 구축되어 있고, 본인의 아이템과 귀 대학의 부속기관인 교수학습센터와의 긴밀한 협조를 통해 과제를 가장 성공적으로 수행할 수 있을 것으로 판단

[각오]

- 사교육으로 인한 문제가 곪을 대로 곪아 수많은 사람들이 고통 속에 힘겨워하고 있습니다. 그들 모두 이 문제를 해결해줄 무언가를, 누군가를 간절하게 소망하고 있습니다.

- 이번 사업에 예비 기술창업자로 선정해주신다면…
███
█████████████

쓰고 싶고 잘 쓸 수 있는 부분부터 쓰라

사업 계획서를 쓸 때 앞에서부터 차례대로 써내려 가는 것도 나쁘지는 않지만, 진도가 빨리 나갈 수 있는 부분부터 써나가는 것이 효율적이다.

여기 제시된 지원 사업의 경우 대부분의 대표님들이 쓰기 어려워하는 창업가적 자질이나 역량이 앞부분에 있기 때문에 나중에 쓰는 것이 좋다. 다른 항목부터 채워나가다 보면 이 부분에 쓸 수 있는 내용들이 생각나기도 한다. 이 부분은 창업교육에서 배운 기업가적 자질에 대한 일반적인 내용에 부합된다고 생각되는 자신의 경험과 자질, 역량을 기술한다. 제시된 사례를 예로 들면, 창업교육을 통해 기업가의 역량은 "기존과 다른 무언가를 새롭게 생각할 수 있는 창의성을 가지고 더 값진 것을 혁신적으로, 지속적으로 제공하며 가치를 창출할 수 있어야 한다. 또한 변화 관리자로서 불확실성을 준비하고 지속적인 품질과 서비스를 향상시키려는 노력을 해야 한다."라고 배웠다. 여기에 자신의 아이템을 반영해 '기존과 다른 창의성'은 '제한된 시각에서 발견할 수 없었던 근본적인 문제와 원인의 해결'로, '혁신적인 것'은 'U-러닝 교육기술 개발'로, '변화 관리자로서의 지속적인 노력'은 '디지털 환경에 적합한 기술'로 서술했다.

Tip

창업가적 자질을 묻는 부분이라 다소 딱딱하고 무거운 분위기가 될 수 있고 지루해질 수 있으므로 간단한 도표를 첨부해 환기시킬 필요가 있다.
사업화 추진을 위한 사전준비 현황에는 아주 사소한 것이라도 아이템과 관련이 있다면 모두 쓰도록 한다.

II. 창업과제 사업화 계획

1. 창업가적 자질

1-1. 창업을 위한 역량

○ 기업가적 자질
 - 사교육의 폐해로 인해 개인과 사회, 국가가 어려움을 겪고 있는 현실 속에서 본 사업자는 ▩▩▩▩▩ ▩▩▩▩▩▩▩▩▩▩▩▩▩▩▩▩▩▩▩▩▩▩▩▩ 경력과 다양한 교육현장의 경험을 바탕으로 개인, 가정, 학교(공교육), 사교육, 국가가 각기 제한된 시각에서 봄으로써 발견할 수 없었던 근본적인 문제와 원인들을 현 시대 환경에 맞는 U-러닝 교육기술로 개발, 해결함으로써 건강한 사회와 국가를 조성하는 데 이바지하고자 함.
 - 기업가는 가치 창출은 물론 급변하는 시대의 변화 관리자로서 트렌드에 대처할 수 있도록 지속적인 품질 관리와 서비스 향상에 노력, 불확실성에 대비해야 함에도 현재 교육시장은 구시대적인 방식을 이어가고 있음. 본 사업에서는 디지털 기기의 발전과 디지털 콘텐츠(책, 교과서 등) 등의 흐름에 적합한 기술을 적용해 사업화하고자 함.

○ 창업 목표
 - 별다른 대안이 없어 아이들을 사교육에 맡길 수밖에 없는 상황에서 아직 가시적인 성과를 보이지 못하고 있는 U-러닝 개념을 활용해 재미있고 효과적인 프로그램을 제작, 제공함으로써 학생들의 학습에 대한 부담과 가계 경제 부담, 이로 인한 사회, 국가의 문제들을 해결해줄 수 있다면 교육시장 진입이 가능할 것임.

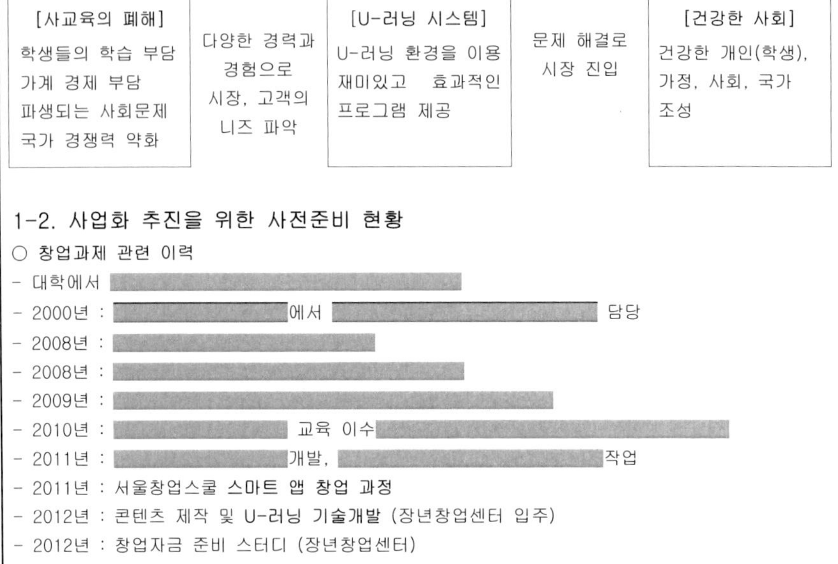

1-2. 사업화 추진을 위한 사전준비 현황
○ 창업과제 관련 이력
 - 대학에서 ▩▩▩▩▩▩▩▩▩▩▩▩▩▩▩▩▩▩
 - 2000년 : ▩▩▩▩▩▩▩▩▩▩▩▩에서 ▩▩▩▩▩▩▩▩▩▩▩▩ 담당
 - 2008년 : ▩▩▩▩▩▩▩▩▩▩
 - 2008년 : ▩▩▩▩▩▩▩▩▩▩▩▩▩
 - 2009년 : ▩▩▩▩▩▩▩▩▩▩▩▩▩▩▩
 - 2010년 : ▩▩▩▩▩▩▩▩▩ 교육 이수 ▩▩▩▩▩▩▩▩▩▩▩▩
 - 2011년 : ▩▩▩▩▩▩▩▩▩개발, ▩▩▩▩▩▩▩▩▩▩▩▩▩▩작업
 - 2011년 : 서울창업스쿨 스마트 앱 창업 과정
 - 2012년 : 콘텐츠 제작 및 U-러닝 기술개발 (장년창업센터 입주)
 - 2012년 : 창업자금 준비 스터디 (장년창업센터)

사업 계획서 우선순위 1=사업 아이템의 구체화

일반적으로 특허와 같은 지식 재산권을 확보하려는 이유는 시장에서 독점적 지위를 확보하기 위한 수단으로 생각해서인 경우가 대부분이다. 그러나 달리 생각해보면, 독점적 지위의 확보는 선택사항일 수 있지만, 자신의 아이템을 사용하려면 반드시 확보해야 하는 필수적인 것이기도 하다. 아무리 좋은 아이디어나 아이템이라고 해도 이미 다른 사람에게 지식 재산권(지재권) 권리가 있다면 함부로 사용할 수 없기 때문이다. 따라서 사업 전 아이템에 대한 지재권 사전조사와 권리를 확보해 타인과의 분쟁을 사전에 예방할 필요가 있다. 또한 지재권 확보는 소비자의 신뢰도를 높여주고 각종 정부지원 자금 신청 시 유리하게 작용할 수 있다. 네트워크는 기술개발, 시제품 제작, 마케팅, 유통, 경영 등 사업을 운영하는 데 있어서 매우 유리하게 작용할 수 있으므로 다양한 네트워크를 보유할수록 좋은 평가를 받을 수 있다.

사업 계획서 작성 시 가장 먼저 해야 할 일은 사업 아이템을 구체화하는 일이다. 사업 아이템이 구체화돼야 그 분야의 시장 상황을 알 수 있고 사업성 여부도 판단할 수 있다. 또 이를 바탕으로 시제품을 어떻게, 어느 정도의 기간을 들여 만들고 어디에 어떻게 팔 것인가에 대한 구체적인 창업 계획이 설정된다. 먼저 아이템의 사업 분야나 기존 제품의 문제점, 대안의 필요성 등 아이템을 개발하게 된 배경을 설명한다. 그리고 이에 대한 구체적인 해결 방안과 기술을 제시하고 그 효과에 대해 기술한다.

Tip

다각적인 시각에서 바라본 문제점을 제시하고, 시장의 요구에 대해 해결 방안이 없음을 강조했다.

2. 창업 계획

○ 지재권 확보
- 2011년 : ▨▨▨▨▨▨▨ (실용신안 등록) : 학습 효과를 높여주는 ▨▨▨▨▨▨▨▨▨▨▨▨
- 2011년 : ▨▨▨▨▨▨▨▨▨▨▨▨▨▨▨ (특허 출원)

○ 네트워크 보유
- 클라우드 방식의 U-러닝 웹/앱 기술개발 부분 : ▨▨▨▨▨▨▨▨▨▨▨ 자문 섭외
- ▨▨▨▨▨ 초, 중, 고 교육사업부 ▨▨▨▨▨▨▨▨▨▨ : 전 근무지
- ▨▨▨▨▨▨▨▨▨▨▨▨ : 개발 자문 인맥

○ 자금 조달
- 2011년 : 자금 조달을 위해 ▨▨▨▨▨▨

2-1. 창업 아이템의 개요

○ 아이템 개발 이유

[고비용 저효율 방식의 학습]
- 학습은 문자 그대로 배우고(學) 익히는(習)것인데, 우리나라의 교육현장은 가르치고 배우는 것에만 집중하고 있어, 배운 것을 자신의 것으로 만들지 못한 채 배우고 - 망각하는 과정만 되풀이하고 있음.

[콘텐츠 활용 프로그램 부재]
- 넘치는 콘텐츠에 비해 콘텐츠를 제대로 활용할 수 있는 프로그램은 없음.
- e-러닝 콘텐츠를 제작, 배포하는 데만 노력, 구체적인 활용방법을 제시하지 않아 효과 및 활용도가 매우 낮음. 실례로 학교에서 종이 교과서와 함께 제공하는 e-교과서의 경우 활용하는 학생들이 거의 없어 매년 380억의 혈세가 낭비되고 있음.

[교육시장의 지속적인 성장 속에 사교육시장도 증가하며 폐해 지속]
- 사교육비 부담이 커져감에 따라 가계 경제가 어렵지만, 학부모의 입장에서는 **별다른 대안이 없기** 때문에 사교육에 의지하고 있음
- 사회 계층의 격차로 인한 갈등, 저 출산, 국가 경쟁력 약화 등 사교육의 폐해에 따른 문제를 해결하기 위해 정부 차원에서 교육정책과 제도를 보완, 개선하는 노력을 하고 있으나 효과가 미비함.

[교육환경에 적합한 프로그램 부재]
- 스마트 기기(스마트폰, 태블릿)의 보급과 IT 기술의 발달로 클라우드를 활용한 U-러닝 교육 환경이 가능하지만 실제 구현하는 프로그램은 부재한 상황(일부 초고속 인터넷을 활용해 스마트 기기 상에서 교육을 받거나 실시간으로 자료를 검색, 다운로드 받을 수 있는 교육 서비스가 있으나 e-러닝 개념의 수준)

- 위에서 본 바와 같이 학생, 학부모들은 **저비용 고효율의 학습 프로그램**을 원하고 있지만, 공교육이나 사교육 모두 이렇다 할 방법이나 프로그램을 제시하지 못하고 있음. 이에 본 사업자는 **경쟁사에** 앞서 고객들의 문제를 해결할 수 있는 U-러닝 방식의 프로그램을 개발, 제공하고자 함.

이미지를 활용하라

아이템의 개요를 설명할 때 이미지를 활용한 구조도, 도표, 도면 등을 활용하면 전달하기 쉽고 작성하기에도 용이하다. 계속해서 강조하지만 '심사위원들은 시간이 부족하다.' 글보다는 그림으로 그려 표현하되 복잡하지 않아야 한다. 간혹 구조도를 더 복잡하게 표현해서 혼란만 가중시키는 경우도 있는데, 가능하면 간결하게 그려서 별도의 설명 없이도 쉽게 이해할 수 있도록 한다. 그렇다고 그림으로만 표현하면 어디서부터 어떻게 진행되는지 알 수 없으므로 간단한 설명과 도표를 첨부해주도록 한다. 이미지를 활용하는 것은 단순히 이해도를 높이기 위한 목적 이상의 효과를 얻을 수 있다. 글로 표현하고 읽는 방식은 인간의 두뇌 중 좌뇌를 사용하는 것으로 논리적이고 이성적인 면이 강조된 반면, 이미지를 활용한 표현 방식은 우뇌를 사용하므로 기억과 감성적인 면을 자극해 글로만 작성된 사업 계획서보다 평가 시 유리하게 작용할 수 있다.

기업을 운영하는 데 있어서 사업의 지속 가능성은 매우 중요하다. 그런 측면에서 다양한 수요층에 대한 분석과 확보는 사업의 지속 가능성에 대한 신뢰를 높여준다. 분석을 통한 수요의 예측과 더불어 기업의 규모나 운영 능력에 맞도록 현실적이고 점진적인 계획이 필요하다. 무작정 수요가 많고 큰 시장이 좋다는 식보다는 창업자의 능력에 맞는, 실현 가능성을 보여줄 수 있는 사업 계획서가 돼야 한다.

Tip

수요자를 사업 단계별로 제시하여 사업의 지속 가능성에 대한 부분을 어필하고자 했다.

○ 아이템 구조 및 용도

구분	예비창업팀 PC	서버 (홈페이지)	사용자 PC 등 기기
역할 및 기능	• ▬▬▬▬▬▬▬▬▬ ▬▬▬▬▬▬▬ • ▬▬▬▬ 제작 • 서버로 업로드	• ▬▬▬▬▬▬▬▬▬ • ▬▬▬▬ 저장, 공유 • 요약 콘텐츠 장터	• 기기와 콘텐츠를 활용해 언제, 어디서나, 편리하게 복습 • 사용자가 콘텐츠 자체 제작 • ▬▬▬▬▬▬▬ ▬▬▬▬▬▬▬
예시			

○ 수요자
- 사업 초기 : 초등
- 발전 단계 : 중, 고등, 대학 및 일반, 각종 수험생
- 정착 단계 : 글로벌

강점을 부각시키라

경쟁 제품의 분석은 제품의 형태, 기능, 내용, 수익 등의 측면에서 다양하게 이뤄질 수 있다. 여기에서 필요한 경쟁 제품에 대한 자료는 '2. 창업 계획' 중에서 '2-1. 창업 아이템의 개요'를 설명하기 위한 것이니만큼, 자신의 아이템과 비교되는 분야나 형태, 기능 등을 제시하도록 한다. 또한 기존의 경쟁 제품이 가진 문제점에 대한 설명을 함께 기술해줌으로써 자신의 아이템에 대한 필요성을 제고시켜준다.

이 사업에서 제공하는 신청양식 2-1. 창업 아이템의 개요 부분에서는 '창업 아이템의 개발 이유, 용도, 수요자, 경쟁 제품 등을 서술'하도록 요구하고 있다. 구성의 흐름상 경쟁 제품에 대한 설명 뒤에 곧바로 아이템의 차별적 기술과 효과를 노출시켜주면 아이템의 강점을 부각시키는 효과를 줄 수 있다. 경쟁 제품을 비교할 때는 표와 그래프를 활용해 그 차이가 한눈에 나타날 수 있도록 해준다. 표와 그래프에 숫자나 백분율로 표현하면 더욱 명확해진다.

Tip

효율 비교에서 인지도가 높은 대중매체 자료를 근거로 제시해 효과적인 부분에 대한 객관성과 신뢰도를 높이고자 했다.

○ 경쟁 제품

기 존 방 식	문 제 점
인터넷 동영상 강의	강사가 단순히 학습 내용을 전달하는 형식 학습자를 직접적으로 콘트롤할 수 없기 때문에 학습자의 강한 의지가 없이는 효과를 볼 수 없음 개인별 수준, 성향에 따른 학습에 한계
학원, 공부방	지식 습득의 과정이 없이 기계적인 암기 형식 학습 방법보다 암기 요령 습득을 위주로 운영
e-러닝 콘텐츠	기계적으로 학습 내용을 전달 개인별 수준, 성향에 따른 학습에 한계
자기주도학습관	형식은 자기주도학습 형태를 띠나 실제는 학습 코치를 병행해 운영 복습에 걸리는 시간과 비용 측면에서 비효율적임

○ 차별적 기술
- 마인드맵 프로그램을 활용한 요약 콘텐츠 제작 기술 보유 (마인드맵 강사 경력).
- 요약 기술의 시스템화 (필기, 노트, 요약, 정리 기술).
  쉽고 간단하게 만들 수 있어서 사용자 스스로 콘텐츠를 다량 생산할 수 있음.
- ▨▨▨▨▨▨▨▨▨▨▨▨▨▨▨▨▨▨▨▨▨▨▨▨ 사용자 디지털기기의 ▨▨▨▨▨▨▨▨▨▨▨ 으로 의도하여 ▨▨▨▨▨▨▨▨▨▨▨▨ 장기 기억으로 전환.

○ 효율 비교 (1시간 학습한 내용을 장기 기억으로 저장 시까지)

학습 과정	경쟁 제품	본 제품	비고
예습		5분	
수업	60분	60분	
복습	180분 (공부 3배수 법칙 : 공부한 내용을 자기의 것으로 소화하는 데 걸리는 시간)	▨▨▨▨▨▨	
계	240분	90분	266% 효율

※ EBS, KBS, MBC, SBS 의 학습 관련 프로그램에서 이미 여러 차례 효과 검증.

전략적으로 쪼개라

시장조사의 객관성과 신뢰도를 높이기 위해 관련 기관의 자료를 인용하고 출처를 명시한다. 그러나 자신의 아이템과 직접적으로 관련이 있는 자료를 찾는다는 것은 쉬운 일이 아니다. 이때 필요한 것이 가지고 있는 정보를 유추해서 해석할 수 있는 능력이다. 직접적인 관련은 없지만 약간의 연관성을 가지고도 아이템에 대한 분석, 연구 자료로 활용할 수 있다면 좋다.

사례에서는 사교육비의 감소 원인을 '교육정책의 효과'라고 본 시각과 '인구 감소'라고 본 시각에 대한 기사를 토대로 인구 증가에 관한 통계청 자료를 근거로 하여 향후 시장규모를 예측했다.

산업이 발달하고 삶이 풍요로워질수록 소비자의 욕구는 점점 다양해진다. 이러한 다양한 소비자의 욕구를 충족시키고 가치를 창출하기 위해서는 소비자가 원하는 것(필요, needs)을 정확히 파악할 필요가 있다. 자신의 아이템에 대한 필요가 가장 높은 시장을 우선적으로 집중 공략해야 마케팅 효율을 높일 수 있기 때문이다. 이와 같이 전략적인 마케팅을 위해 시장을 세분화(Segment)하고 목표 대상(Targeting)을 결정해서 어떤 위치에 어떻게 노출(Positioning)할 것인지에 대해 분석하는 것을 STP 전략이라고 한다.

Tip

다양한 학습시장 중 몇 년 전부터 계속 학습시장의 이슈가 되고 있는 자기주도학습 시장으로 세분화(Segment)하고, 비교적 진입 장벽이 낮고 경쟁자가 적은 초등학생 온라인 학습시장 공략을 위해 대상(Targeting)을 초등학생으로 정하고, 기존 학습 사이트처럼 새로운 것을 계속 가르치는 형태와 달리, 배운 것을 반복해 자신의 것으로 만드는 컨셉트의 자동 복습 프로그램(Positioning)을 전략으로 설정하였다.

2-2. 시장 수요조사 결과

○ 시장 규모
- 연도별로 약간의 차이는 있지만 약 21조 원

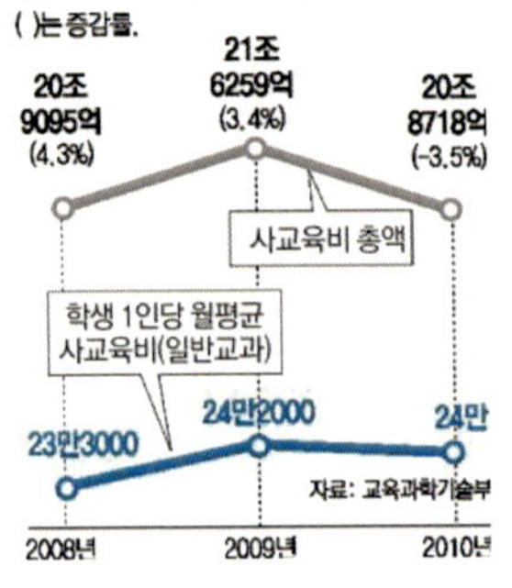

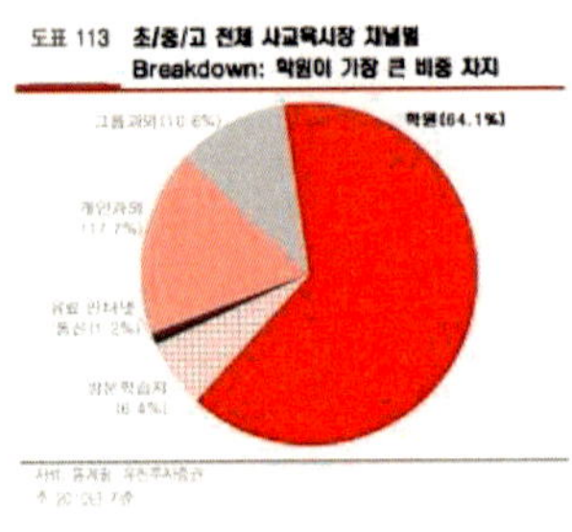

- 2010, 2011년 사교육비가 소폭 감소한 것은 인구 감소가 원인.
- 통계청 자료에 의하면 장래 인구 증가가 예상되므로 **교육시장 규모도 증가할 것으로 예상.**
  장래 인구 예상 추이

구분	2000년	2010년	2020년	2030년
인구 수(명)	47,008	49,410	51,435	52,160

○ 목표 시장의 요구 및 STP 전략
- 대부분의 학부모들이 학습의 기초가 중요하다고 생각해 **초등학교 때부터 학습지, 보습학원, 영어학원** 등에 학생들을 맡기고 있는 상황.
- 그러나 가치관과 습관이 형성되는 초등학교 시기를 학습지나 학원 등의 프로그램에 의해 길들여놓게 되면, 자기 주도성을 잃어 다른 사람의 도움이 없이는 학습할 수 없는 상태가 됨.
- 사교육시장 중 초등학생의 비중이 가장 큰 만큼, 초등학생 학부모들의 인식 전환과 학습 방법에 대한 시스템을 시급히 개선, 보완해서 사교육으로 인한 폐해를 줄여나가야 함.

  ※ 학교 급별 월평균 사교육비 (2011년, 통계청 자료)

구분	초등학교	중학교	고등학교	일반고	특성화고
백분율(%)	44.8	27.3	27.8	21.9	5.9

- 현재 교육현장에서 자기주도학습의 대상이 중, 고등학생에 맞춰져 있으나, 인지발달 단계를 고려하여 초등학생 시기로 조정해야 함.

- 이에 본 과제는 사교육시장 중 ▨▨▨▨▨▨▨▨ 세분화(Segmentation)하고 초등학생들 (Targeting)에게 ▨▨▨▨▨▨▨(Positioning)을 제공함.

약방의 감초를 잘 활용하라

시장의 규모와 사업성에 대한 분석을 위해서는 경쟁 회사의 매출액 및 수익성 분석이 필요하다.

상장회사의 경우 전자공시시스템(http://dart.fss.or.kr)을 활용하면 재무제표를 비롯해 회사의 전반적인 사항을 알 수 있다. 하지만 비상장회사이거나 규모가 작은 회사의 경우에는 자료를 찾기가 매우 힘들다. 정확한 데이터라고 할 수는 없지만 인터넷 검색을 통해 자료를 수집할 수 있고 상황을 파악하는 정도의 수준은 가능하다. 매출 계획은 보통 3개년 정도를 예상하되 너무 많거나 적지 않도록 한다. 너무 많게 책정이 되면 현실성이 없어 보이고, 너무 적게 책정되면 사업성이 없어 보일 수 있기 때문이다.

사업 계획서에 약방의 감초처럼 등장하는 SWOT 분석은 가장 흔하게 쓰이는 도구 중의 하나이다.

먼저 자신의 아이템에 대한 요소들을 내부 요인인 강점(Strengths), 약점(Weaknesses)으로, 외부 요인인 기회(Opportunities), 위협(Threats)으로 나눈다. 나눠놓은 강점, 약점, 기회, 위협 요소들 중에서 강점이면서 기회 요인이 있는 것은 우선수행 과제로, 약점이면서 기회 요인이 있는 것은 우선보완 과제로, 강점이지만 위협 요인이 있는 것은 리스크 해결 과제로, 약점이면서 위협 요인까지 있는 것은 장기보완 과제로 해서 전략을 설정한다.

Tip

경쟁회사의 수익성과 관련된 분석과 함께 정책적인 부분을 노출함으로써 차별적인 요소를 보여주고자 했다. 아이템에 유리하게 작용하는 강점과 기회 요소를 약점과 위협 요소보다 상대적으로 많이 나열했다. 약점과 위협 요소에 대한 방안, 해결책을 제시해주면 더 좋은 계획이 된다.

○ 주요 경쟁회사
- ██

  ██

  ████████ 매출액 규모도 성장세를 보이고 있음.

- 경쟁회사 (인터넷 서비스, e-러닝 분야 유료회원 10만 명 이상) 매출 현황 (2010년)

구 분	████████	████████	████████
매출액	521억 원	164억 원	150억 원
월 회비	약 10만 원	약 10만 원	5만 3천 원

○ 가격 정책
- 경쟁회사에서 제공하는 강의 콘텐츠와의 차별적 요소를 극대화하여 ████████████████████를 핵심으로 하고, 쉽고 간단한 UI(사용자 경험)로 개발함으로써 이용률을 높임.
- 쉽고 간단한 구성은 개발과 관리 비용을 줄일 수 있고, 저가 공급을 가능하게 해줌.
- ████████████████████████████████시장 진입과 시장 선점을 용이하게 해줌.

○ 매출 계획

구 분	2013년	2014년	2015년	비 고
매 출	6억 원	18억 원	60억 원	※ 매출 근거 참고자료
월 회비	5,000원			- 경쟁회사 유료회원 수 참조
월 예상 고객	10,000명	30,000명	100,000명	- 초등학생 수 3,132,477명 (2011, 교육과학기술부 자료)

○ SWOT 분석

[강점]	[약점]
████████████████████ ████████████████████ ████████████████████ 경쟁사 대비 학습효율 & 가격 경쟁력 월등	자금 부족
[기회] 디지털 교과서 조기 시행 예정 (애플사 영향) 국가 교육정책 성과 미흡 e-교과서에 대한 비판 (380억 쓰레기)	[위협 요인] 교육 대기업의 진출 유사상품 출시

머리보다 손으로 직접 작성하고 예측하라

추정 손익계산서의 작성을 위해 각 항목의 용어에 대한 정확한 이해가 필요하다.

- **매출액** : 제품과 서비스를 판매 또는 제공하고 받은 금액
- **매출원가** : 제품과 서비스를 만드는 데 드는 비용
- **매출이익** : 매출액에서 매출원가를 뺀 나머지 금액
- **판관비** : 판매와 관리를 위한 비용
- **영업이익** : 매출이익에서 판관비를 뺀 나머지 금액으로서 실질적인 이익

소요자금에 따른 자금조달 계획을 세우려면 먼저 항목별로 월별 어느 정도 자금이 소요되는지 예상하여 작성해본다.

구분	1월	2월	3월	4월	5월	6월	7월	8월	9월	10월	11월	12월	합계
인건비	250	250	350	350	350	350	350	350	350	350	350	350	4000
복리후생비	50	50	100	100	100	100	100	100	100	100	100	100	1100
기자재	200		200										400
사무실 임대	100	100	100	100	100	100	100	100	100	100	100	100	1200
서버	30	30	30	30	30	30	30	30	30	30	30	30	360
계	630	430	780	580	580	580	580	580	580	580	580	580	7060

월별 소요자금 계획에 맞춰 자금조달 계획을 세운다(양식은 소요자금 계획 양식과 혼용해서 쓰면 된다).

Tip

사례에는 없지만 최근에는 영업이익이 '0'이 되는 시점인 손익분기점에 대한 분석이나 그래프를 첨부하는 추세라고 한다. 산업분야별 영업이익률 통계자료에 의하면 전통 제조업 10%, IT 제조업 15%, 건설업 10%, 유통업 5%, e-biz 20% 정도라고 한다.

2-2. 시장 수요조사 결과

○ 추정 손익계산서

(단위:백만원)

구분	2013년		2014년		2015년	
	금액	비율	금액	비율	금액	비율
매출액	600	100	1,800	100	6,000	100
매출원가	300	50	900	50	3,000	50
매출이익	300	50	900	50	3,000	50
판관비	240	40	720	40	2,400	40
영업이익	60	10	180	10	600	10

○ 소요자금 및 조달계획

(단위:천원)

소요자금				조달계획					
창업 준비과정 (12.05~12.10)		창업 실행과정 (12.11~13.02)		창업 준비과정 (12.05~12.10)			창업 실행과정 (12.11~13.02)		
인건비	8,400	인건비	5,600	자기 자금	자본금	15,400	자기 자금	자본금	5,600
개발비	20,000	개발비	10,000		이익금			이익금	
투자비		투자비		타인 자금	융자		타인 자금	융자	
마케팅비	15,000	마케팅비			지원	35,220		지원	13,780
기타	7,220	기타	3,780		투자			투자	
합계	50,620	합계	19,380	합계		50,620	합계		19,380

2-3. 창업 계획

○ 창업 일시
- 2012년 5월 1일

○ 인력 채용 및 법인 전환 계획

구 분	2013년	2014년	2015년	비 고
매 출	6억 원	18억 원	60억 원	※ 법인 전환 2013년 5월
월 예상 고객	10,000명	30,000명	100,000명	
인력 채용	3명	5명	12명	

미리 견적을 받으라

시제품 제작 계획을 세우려면 시제품을 만드는 절차, 공정에 관한 과정을 알아야 한다. 가장 빠르고 정확한 방법은 실제로 개발할 자신의 아이템을 가지고 해당 업체에 견적을 의뢰하는 것이다. 견적을 위한 상담 과정에서 머릿속에만 있던 아이디어가 구체화되고 실현 가능성에 대한 여러 가지 의문들이 해소될 수 있다. 또한 해당업체는 그 분야의 전문가이면서 실제 현장에서 얻은 경험과 노하우를 가지고 있기 때문에 상담 자체가 컨설팅이 될 수 있고 생각지 못한 아이디어를 얻는 경우가 많다.

〈 사업 계획서 작성 준비과정에서 견적을 받을 때의 10가지 장점 〉

1. 사업 아이템이 구체화된다.
2. 실현 가능 여부를 판단할 수 있다.
3. 경험과 노하우를 듣고 아이디어를 얻는다.
4. 시제품 제작 절차, 공정을 알게 되므로 추진 일정, 계획을 쉽게 세울 수 있다.
5. 정확한 사업비 산정이 가능해져 예산을 쉽게 세울 수 있다.
6. 해당업체를 개발 및 자문 네트워크로 포함시킬 수 있어서 신뢰도가 높아진다.
7. 소요자금 및 자금조달 계획을 세우기가 용이하고, 추정 손익계산서 산출까지 가능하다.
8. 사업 선정 시 개발 기간이 단축된다. 그에 따라 개발 비용도 줄일 수 있다.
9. 사업수행 결과가 만족스럽다(기간 내 수익 창출).
10. 성공적인 사업수행은 자금조달 시 유리하게 작용한다.

Tip

시제품 제작 계획은 뒷부분에 있는 주요 추진 일정을 먼저 계획하면 쉽게 쓸 수 있고, 주요 추진 일정은 견적을 미리 받으면 훨씬 수월하게 계획할 수 있다.

3. 사업화 계획

3-1. 시제품 제작 계획

- 시제품 제작상의 개발 공정은 기존의 교육 콘텐츠 서비스와 유사하나 ██████████ ███████████ 기술이 가장 큰 **차별적 요소**임 (특허 출원한 상태).
- 사용자의 편의성을 강조, 핵심적인 요소를 쉽고 간단하게 조작하는 것만으로도 높은 복습 효과를 느낄 수 있도록 제작.
- 쉽고 간단한 동작의 직관적인 사용자 환경은 바이럴 마케팅에 유리하게 작용함.

세부 제작 계획	일 정	소용비용 근거
요약 콘텐츠 제작 : 초등 3~6학년 (국어, 수학, 사회, 과학)	2012년 5월 ~ 2012년 7월	인건비 1,400,000×3개월
홈페이지(웹) 기획, 스토리보드 작성 : 홈페이지 상의 내용, 콘텐츠 제작	2012년 5월	
웹 프로그래밍, 디자인 : ████████████ 탑재	2012년 6월 ~ 2012년 7월	외주 용역 30,000,000원
테스트 (오류 점검, 보완) : PC 에서 프로그램 실행	2012년 8월	
어플리케이션(앱) 기획, 스토리보드 작성 : 홈페이지(웹)과 연동	2012년 9월	
앱 프로그래밍, 디자인 : ████████████ 탑재	2012년 10월 ~ 2012년 11월	
테스트 (오류 점검, 보완) : PC 및 디지털 기기에서 프로그램 실행	2012년 12월	

3-2. 생산 계획

○ 개발 및 자문

이름	분야	소속	직급	전공
████	콘텐츠(마인드맵) 자문	████████	███	경영
████	콘텐츠(자기주도학습) 자문	████████	███	경영
████	IT, e-러닝 자문	████████	███	IT
████	웹, 앱 프로그램 개발	████████	███	IT

○ 시제품 제작 완료 이후

- 중학교 → 고등학교 → 대학 및 일반 지식 → 각종 수험서(공무원, 공인중개사, 자격증 등) → 평생교육 영역으로 확장 가능.
- 콘텐츠 수요자가 콘텐츠를 직접 생산하여 공급자가 될 수 있는 구조로 방대한 콘텐츠를 자가 생산.
- 관련 커뮤니티와 연계 (학교 급별 / 공무원 / 공인중개사 커뮤니티 등).
- 관심 분야 모임 및 커뮤니티와 연계 (집단지성 활용).

마케팅 전략도 '소셜(social)'이 대세

아무리 좋은 제품이 있다고 해도 소비자가 그런 제품이 있는지조차 모르면 팔 수 없다. 요즘같이 정보가 넘치는 시대에는 더욱 그렇다. 제품을 열심히 만드는 것도 좋지만, 잘 알리고 팔 수 있도록 노력해야 한다. 아이템에 따라 조금씩 다를 수 있겠지만. 시대 환경과 사회 흐름에 적합한 도구를 활용해 효율적인 마케팅을 해야 한다. 최근에는 IT 산업의 발달에 따라 급속하게 변화하고 있는 생활환경에 발맞춰 소셜 미디어(social media)를 활용한 마케팅 전략이 요구된다. 예를 들어 소셜 네트워크(social network)를 활용한 마케팅 방법으로, 블로그(blog)에서 유용한 정보를 생산하고 SNS로 유통하면서 기업이나 제품을 알리는 형태로 홍보 활동을 하면 효과는 배가된다.

소셜 미디어의 기본이 되는 블로그는 검색과 정보 공유의 강력한 도구이다. 검색 사이트에서 상위에 노출되고, 콘텐츠의 수정과 업데이트가 쉽다는 점에서 홈페이지보다 낫다. 다만 꾸준한 글쓰기를 해야 효과가 있는 만큼 어려운 점도 있다. 한 주에 1~2개 정도의 글을 꾸준히 써보자. 6개월 후면 50개 정도의 정보가 모이고 블로그다운 블로그가 된다.

효과적인 마케팅 전략을 위한 4P 분석

- Product(제품) : 제품이나 서비스에 관한 전략
- Price(가격) : 고객가치와 제품가격, 원가를 고려해 가격을 결정
- Promotion(홍보) : 제품 구매고객이 누구인지에 초점을 맞춘 판매 촉진 전략
- Place(유통) : 개인, 기업, 구매처, 구매빈도 등에 따른 전략

3. 사업화 계획

3-3. 홍보 및 판매 계획

○ 시장 상황 및 판매 루트

- 초기 앱 시장은 등록된 어플리케이션의 수가 많지 않아 수익 모델로서 매력이 있었으나, 최근에는 각종 어플리케이션이 넘쳐나는 상황 속에 극소수의 어플리케이션만이 수익을 내고 있음.
- 아무리 아이디어가 훌륭한 앱이라고 할지라도 단순히 판매가 목적인, 하나의 상품으로서는 경쟁력을 갖기 어려운 상황임. 따라서 본 사업에서는 콘텐츠의 활용과 홍보 수단으로서 앱을 활용하고 **유료 웹 회원**을 수익 모델로 함.

○ 홍보 및 판매

구분		액션 플랜
홍보	온라인	감성 마케팅을 활용한 동영상 제작, 소셜네트워크 서비스(SNS)를 활용해 배포 학습 관련 카페, 블로그를 활용
	오프라인	각 학교에 DM 발송, 교육 관련 커뮤니티, 학원 등 **협력조직 네트워크 활용**
판매	온라인	홈페이지 운영, 오픈마켓(도서 및 볼펜 연계 상품)
	오프라인	학교, 교육 관련 커뮤니티, 학원 등 **협력조직 네트워크 활용**, 연계상품 판매

※ 마케팅 도구
  출판물 제작 : 자기주도학습 도서(만화책) 강의, 판매용 도서
  판촉물 제작 : 기능성 볼펜 (실용신안)
  영상물 제작 : 유투브 등 SNS 를 활용한 감성 마케팅

○ 4P Mix 전략

4P	액션 플랜
상품(Product)	쉽고 간단한 동작만으로도 높은 복습 효과 (바이럴 마케팅 유도) ▩▩▩▩▩▩ u-러닝 환경으로 구현
가격(Price)	경쟁사 대비 약 1,000~ 2,000 % 절감
프로모션(Promotion)	성공 모델 오디션, 교과목 퀴즈대회, 주니어 CEO 양성 과정, 콘텐츠 우수작 공모전, 연계 상품(학습법 만화책, 기능성 볼펜) 구입 시 할인 등
유통(Place)	▩▩▩▩▩▩▩▩▩▩▩ 등 협력조직 네트워크 활용 학습법 만화책 출간 강연회, 동영상 제작(감성 마케팅 활용), SNS 홍보

○ 초기 진입 전략

- 네트워크 활용 : ▩▩▩▩▩▩▩▩▩▩▩▩▩▩▩▩▩▩▩▩▩▩▩▩▩▩▩▩▩▩▩▩▩▩▩▩▩▩▩

- 감성 마케팅을 활용한 동영상 제작.

- 소셜네트워크 서비스(SNS)를 활용해 홍보 (인지도 상승).

자신의 아이템에 맞는 곳에 소신 있게 지원하라

예비 기술창업자 육성사업을 준비해본 창업자라면 누구나 한 번쯤 이 대목에서 많은 고민을 했을 것이다. 나도 사업 계획서를 거의 완성했을 무렵까지도 이 부분에 대해서는 그저 막막했다. 스터디 모임 회원들도 어찌해야 할지 몰라 서로 눈치만 보고 있었다. 그러던 중 우연히 보게 된 주관 기관 자료에서 해답을 찾았다. 몇 주에 걸쳐 고민했는데, 해답을 알고 나니 30분 정도 만에 해결됐다.

□ 전문(멘토) 인력 확보 현황

No	전 공	성 명	주력 분야	주요연구 분야
1	건축학	■	근대건축	유네스코 세계유산제도의 우리나라 문화재 정책에의 수용과 발전 방안에 대한 시론적 연구
2	건축학부	■	건축구조	Bow 공법으로 보강된 철근 콘크리트 보의 휨 보강 성능
3	경영학	■	회계 관리	전자금융의 채널 유형별 도입 및 수용 결정요인 분석
4	경찰학	■	경찰행정	경찰 내부 고객만족도 영향 요인 분석
5	광고홍보언론학	■	소비자 분석	인터넷 쇼핑 구매결정 시 사용후기의 내용 방향성 형태별 수용도에 관한 연구
6	광고홍보언론학	■	광고, 홍보	고유성이 편중된 한국의 도시 이미지에 관한 연구
7	광고홍보언론학	■	광고, 홍보	광고 보증인의 유형과 성이 제품의 태도 변용에 미치는 효과
8	교 직	■	교육 콘텐츠	초등학교 과학 교과의 온라인 탐구형 콘텐츠 개발
9	국어교육	■	국어교육	읽기 교육에서의 문학 텍스트 활용 탐색
10	금융보험부동산학	■	부동산	주택시장 변화에 대한 주택수요 반응 연구

[주관 기관 자료 예]

Tip

나도 막판까지 '주관 기관을 어디로 할까?' 하고 고민하긴 했지만, 자신의 아이템과 가장 잘 맞는 주관 기관을 선택하면 아주 쉽게 해결될 수 있는 부분이다.

4. 주관 기관으로부터 도움 받고자 하는 사항

4-1. 전문 인력

* 주관 기관 소속 전문 인력(교수, 연구원 등)의 기술 및 경영 지원과 시제품 제작 협업 등 지원 희망 사항

전 공	성 명	주력 분야	주요 연구 분야 관련 지원 희망사항
교 직	▩▩	교육 콘텐츠	초등학교 과학 교과의 온라인 탐구형 콘텐츠 개발
국어교육	▩▩	국어교육	읽기 교육에서의 문학 텍스트 활용
영어교육	▩▩	영어교육	IPTV의 스크린 영어 인터페이스
영어교육	▩▩	영어교육	학교 현장의 의사소통 중심 수업 분석
영화영상	▩▩	영상 콘텐츠	3차원 입체 영상

4-2. 기자재 등 인프라

* 주관 기관 보유 시제품 제작 관련 기자재 및 공간 등의 지원 희망사항

○ 콘텐츠 제작 관련
- iMac(21.5 형: 3.06GHz), 그래픽 편집용 모니터, 그래픽 편집용 PC
- 와콤타블렛인튜어스3(PTZ-631W)
- 사이버교육용 콘텐츠
- 게임용 제작도구
- 전문가용 카메라 카메라용 렌즈(70-200mm)

○ 홍보 동영상 제작 관련
- 디지털 비디오 레코더(FS-4PRO), 디지털 캠코더(캐논 FS11SD)
- 영상편집 소프트웨어, (S/W) 영상편집 Final Cut Studio2
- (S/W)영상편집 서버

4-3. 기타 희망사항

* 주관 기관 보유 창업·중소기업 지원 네트워크 등 기업지원 역량을 통한 지원 희망사항

○ 교수 학습센터
- e-러닝, U-러닝 개발/ 지원
- 교육 콘텐츠 개발
- 교육 매체 개발

○ 출판부
- 출판물 제작 : 자기주도학습 실용 도서 (강의 / 판매용 도서)

사업비 산정, 구조를 알면 쉽다

처음 사업 계획서를 작성하면서 가장 어려웠던 부분 중의 하나가 바로 이 부분이다. 단순한 표로 되어 있어서 쉬워 보이지만, 익숙지 않은 용어들과 구조를 몰라 뭘 어떻게 해야 하는지 엄두가 나질 않았다.

하지만 사업의 구조를 이해하면 쉬워진다. 첫 번째로 봐야 할 게 정부에서 지원 받을 수 있는 금액이 얼마인가 하는 것이다. 이 사례에서는 중점 지원사업이 최대 5,000만 원이고, 일반 지원사업이 3,500만 원이다. 참여 신청서의 맨 뒷부분에 나와 있는 분류표를 보고 자신의 아이템이 어디에 해당하는지 우선 살펴본다. 자신의 아이템에 따라 정부지원 사업비가 정해지면, 그 금액을 70%로 한 100% 환산 금액이 총 사업비가 된다. 총 사업비에서 정부지원 사업비를 뺀 나머지 30% 중 20% 이내에서 주관 기관과 기술 창업자가 나눠 현물로 부담하고, 10% 이상이 기술 창업자가 부담하는 현금이 된다.

현물이란? 현금이 아닌 노동력이나 서비스, 물건 같은 것으로 부담하는 것을 말한다. 여기에서는 현물 전액을 기술 창업자의 노동력(인건비)으로 계산해서 부담하는 것으로 했다. 주관 기관에 따라 부담 비율을 정해주는 곳도 있으니 지원할 주관 기관에 미리 알아보는 것이 좋겠다.

Tip

사실 사업비 산정내역이 당락에 큰 영향을 미치지는 않는다. 주관 기관과의 현물 비율 등 다소 잘못된 부분이 있더라도, 협약 전 사업비가 조정되고 수정 사업 계획서를 다시 제출하기 때문에 걱정할 필요는 없다.

III. 주요 추진 일정

세부 사업화 내용	5월	6월	7월	8월	9월	10월	11월	12월	1월	2월	비고
콘텐츠 제작											
홈페이지(웹) 제작											
웹 테스트											
어플리케이션(앱) 제작											
앱 테스트											
홍보용 출판물 제작											
홍보용 판촉물 제작											
홍보 영상물 제작											
홍보											
마케팅											

IV. 사업비 산정내역

1. 총사업비 조성내역

분담내역	계	정부 지원	주관기관부담현물	기술창업자 부담금	
				현물	현금
사업비(천원)	70,000	49,000		14,000	7,000
분담비율(%)	100%	70% 이내	20% 이내[1]		10% 이상[2]

★ 현물분담 산출내역 :
   기술창업자 1,400,000원 × 10개월

1) 대학생은 25% 이내
2) 대학생은 5% 이상

2. 비목별 사업비

세부항목	산출 근거	금액(천원)			비 고 (%)
		현금	현물	계	
시제품 제작비		30,000	14,000	50,000	63 %
- 인건비	기술창업자 1,400,000원 × 10개월		14,000	14,000	20 %
- 외주 용역비	웹 & 앱 프로그램 개발	30,000		30,000	43 %
- 재료비					
- 기자재 구입비					
- 기자재 임차료					

항목별 비율 안에서 배분하라

비목별 사업비는 이 사업에서 제시하는 항목별 비율 안에서 배분하면 된다.

비목별 사업비 작성에 앞서 알아둬야 할 핵심 조건

● 시제품 제작비(총 사업비의 60% 이상)

▶ 인건비

본 사업을 위하여 협약 만료일 3개월 이전까지 신규 채용하는 인력(4대 보험 가입)에 한하여 인건비 적용범위 내에서 현금으로 계상 가능.

[별표 5호]의 지식 서비스 분야 업종의 경우 시제품 제작비의 70%까지 인건비 계상 가능, 이외 업종은 시제품 제작비의 50%까지 인건비 계상 가능.

▶ 기자재 구입비

시제품 제작을 위해 활용되는 자산성 물품 구입 등(총 사업비의 10% 이내 계상).

● 기술정보 활동비(총 사업비의 20% 이내 계상)

주관 기관 전문가를 멘토로 지정할 경우 멘토 활동비.

멘토는 1회 최대 4시간을 초과하지 못하며, 시간당 비용은 5만 원 초과 금지. 멘토링 비용은 매월 최대 70만 원, 지도 인력은 최대 2인 이내.

Tip

협약 체결 후 실제로 사업활동을 시작하면서 쓰는 비용에 대한 서류와 증빙이 매우 번거롭고 까다롭다. 적은 금액까지 일일이 청구하다 보면 사업활동보다 서류작업 하는 데 드는 시간이 더 많아지게 될지도 모른다. 가능하다면 굵직한 사업비 위주로 사용하는 것이 좋겠다.

세부항목	산출 근거	금액(천원)			비 고 (%)
		현금	현물	계	
기술정보활동비		11,000		11,000	16 %
– 멘토비	주관 기관 소속 전문가 70만 원 × 10개월	7,000		7,000	
– 교육비	기술/경영 환급과정 교육 참가	1,000		1,000	
– 지재권 확보비	디자인, 상표 출원/등록	1,000		1,000	
– 문헌 구입비	서적 구입	700		700	
– 사무용품 구입비	문구류	1,000		1,000	
– 회계감사비	당해년도 회계법인 감사	300		300	
마케팅비		15,000		15,000	21 %
	카탈로그(소책자) 1,500원 × 5,000부	7,500		7,500	
	기능성 볼펜 1,500원 × 5,000개	7,500		7,500	
합 계		56,000	14,000	70,000	

★ "현물"은 신청자 부담 외에도 주관 기관에서 제공하는 현물액도 작성 가능. 비고란에 구분하여 작성.
★ 주관 기관이 창업선도대학인 경우, 사업비 현물은 주관 기관에서 전액 부담.
★ 세부항목의 계상 기준은 [별표 제2호] 참조.

V. 중복지원 검토 확인 요청사항

수혜자	사업명	과제명	지원기관	지원기간	지원금액(천원)
		해당사항 없음			

★ 신청인(팀원 포함)이 정부(지자체), 공공기관 등으로부터 지원받은 기술개발자금 및 창업지원자금 등을 모두 기록(최근 3년 이내).

★ 사업을 수행하였음에도 위에 기재하지 않는 등의 허위사항이 발견될 경우 선정 취소 및 정부지원금 환수 조치(향후 정부 지원사업 참여 제한이 될 수 있음).

막막함을 풀어주는 마인드맵 IV

사업 성격 및 구조 분석

부 주제의 확장 및 적용

무엇을 하기 전에 그 대상이 어떤 구조를 가지고 있는지 알 수 있다면 이해가 쉬워져서 일을 잘 풀어나갈 수 있다. 정부에서 하는 창업자금 지원사업도, 사업 계획서도 마찬가지다. 지원사업이 어떤 구조로 되어 있고 어떤 절차로 진행되는지 알면, 뭐부터 어떻게 준비해야 하는지 쉽게 알 수 있다. 이러한 구조나 절차를 파악하는 데 있어서 보다 빠르고 간편하게 할 수 있는 도구가 있다. '마인드맵'이라고 하는 생각 정리의 도구이다. 하나의 큰 주제를 분류해서 생각하다 보면 그 주제의 구성과 구조가 어떻게 되어 있는지 한눈에 알 수 있고 전체의 흐름을 효과적으로 파악할 수 있게 된다.

사업 성격 및 구조 분석

'12년 '시니어 공동 창업, 창직 활동 지원사업'을 예로 들어보자.

먼저 전체의 내용이 어떤 하나의 주제로 되어 있는지 찾는다. 일반적으로 제목 안에 있다. 여기서는 시니어 공동 창업, 창직이 주제가 된다.

중소기업청 공고 제2012 -161호

『'12년 '시니어 공동 창업·창직 활동 지원사업' 』 모집 공고

2인 이상의 시니어가 협력하여 창의적 아이디어를 사업 아이템으로 구체화하는 공동 창업·창직 활동 지원을 위해 『2012년 '시니어 공동 창업·창직 활동 지원사업'』 대상자 모집 계획을 다음과 같이 공고합니다.

2012년 6월 25일
중소기업청장

1 　모집 개요

가 　사업 목적

○ 비즈플라자를 중심으로 시니어의 경력 및 특기 등을 활용한 창의적 아이디어를 구체화하여 스스로 일자리를 창조할 수 있는 공동 창업·창직 활동 지원

시니어 창직이란

◆ **시니어 창직이란?**

○ 시니어의 경력과 전문성을 바탕으로 한 창의적인 아이디어를 구체화하여 자기 주도적으로 직업과 일자리를 개척하는 활동.

◆ **시니어 창직 사례!**

○ 음악에 취미를 가진 시니어들이 밴드를 구성하여 창직 교육 및 활동 후 공공기관 행사나 칠순잔치, 결혼식 등에서 연주하고 일정수익 창출.

○ 목공에 특기가 있는 시니어들이 모여 가구수리 및 주문생산 등으로 수익을 창출하는 동시에 저소득층 무료봉사를 통해 지역사회에 기여.

○ **(예산 규모)** 13억 원(80여 개 과제 내외)

  * 비즈플라자별 지원 규모는 별도 공지

○ **(지원 내용)** 창의적 아이디어를 사업 아이템으로 구체화하는 과정에 필요한 아이템 개발비, 시제품 제작비, 마케팅/판로비, 운영비 등(팀당 10백만 원 이내)

  * 아이템 개발비 : 직접개발비, 외주용역비, 현장체험비, 교육비, 멘토링비 등
  * 마케팅/판로비 : 소비자 반응조사, 쇼케이스 행사 개최 등 판로개척비용
  * 시제품 제작비 : 아이디어의 콘텐츠 및 제품 제작 구현을 위한 비용
  * 운영비 : 일반수용비, 회의비, 여비

○ **(사업 기간)** 협약일로부터 4개월 이내

다　추진 절차

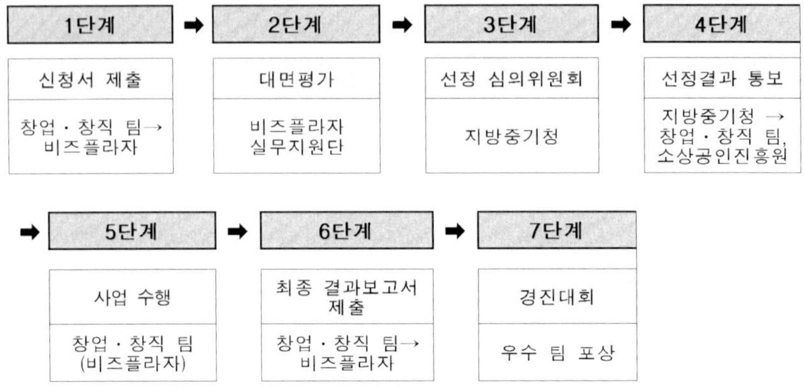

가   신청 자격

○ 2인 이상의 시니어(만 40세 이상)가 협력하여 창업 · 창직 활동을 하는
  예비 창업자

  * 단, 신청 전 시니어 비즈플라자 회원(커뮤니티 회원 포함)에 등록해야 함.

○ 신청 제외 대상

① 금융기관 등으로부터 채무 불이행으로 규제 중인 자 또는 기업
  * 단, 신용회복위원회의 프리워크아웃, 개인워크아웃 제도에서 채무조정합의서를
    체결한 경우, 법원의 개인회생제도에서 변제계획 인가를 받거나 파산면책 선고
    자는 참여 가능(국세, 지방세 등 특수 채무의 경우는 완납 필수).

② 국세 또는 지방세 체납으로 규제 중인 자

③ 중소기업청의 창업 지원사업에 동일 아이디어로 선정된 자(선정 후
  중도 포기자 포함)
  * 중소기업청 창업 지원사업 : 실험실 창업 지원사업, 아이디어 상업화 지원사
    업, 예비 기술창업자 육성사업, 유망 특허활용 기술창업 지원사업, 선도벤처
    연계 기술창업 지원사업, 청년창업사관학교

④ 타 중앙정부, 지자체, 공공기관 등에서 시행한 창업 지원사업에 동일
  아이디어로 선정된 자(선정 후 중도 포기자 포함)

⑤ 기타 중소기업청장이 참여 제한의 사유가 있다고 인정하는 자

나   신청기간 및 방법

○ **(신청기간)** 2012년 7월 2일(화) ~ 지원예산 소진 시까지

○ **(신청서류)** 사업 신청서 1부, 첨부서류 일체 등

  * 사업 신청서는 시니어넷(www.seniorok.kr)에서 다운로드

○ **(신청방법)** 각 지역 소재 시니어 비즈플라자를 통해 신청
            (우편, E-mail, 방문 접수)

○ **(대면평가)** 비즈플라자 실무 지원단을 통해 대면평가

　　* 평가원칙 : 창의성, 실현 및 이윤창출 가능성, 지역사회 기여 등

○ **(심의위원회)** 지방청장을 위원장으로 한 심의위원회를 개최하여 지원 대상을 최종 선정

라 　선정 후 협약

○ 선정 팀은 선정 결과 통보일로부터 10일 이내에 소상공인진흥원 안내에 따라 협약 체결

○ 다음의 경우 협약 체결 불가

> ① 협약 체결 기한까지 협약에 필요한 서류를 제출하지 않은 경우
> ② 허위로 사업 계획서를 작성, 제출한 경우
> ③ 기타 전담기관의 장이 협약을 체결하지 않아야 할 사유로 인정하는 경우

마 　추진 일정

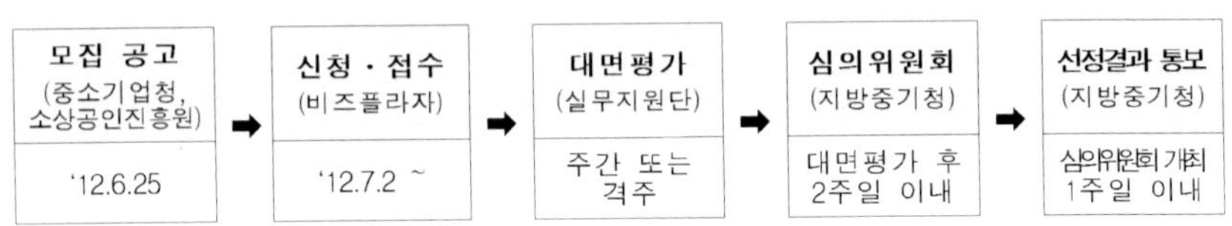

　* 일정은 추후 변경될 수 있음(변경 시 비즈플라자를 통해 별도 공지).

○ 사업 신청서를 허위기재 또는 누락한 경우, 선정을 취소, 정부 사업
  의 참여제한 및 정부 지원금 환수 등의 조치를 취할 수 있음.

○ 동 사업에 공동 창업·창직 팀은 1개 과제만 신청 가능.

○ 동 사업 협약기간 내 지자체 및 공공기관 창업 지원사업에 동일 과제
  로 사업수행 불가.

〈 지원 제외 대상 창업과제 〉

① 결과물이 실물로 도출되지 않거나 완제품이 아닌 아이디어

② 단순 외관의 변경, 소재 변경 등 독창성이 없는 아이디어
   * 심미적 개선에 한정된 디자인 아이디어

③ 기존 제품을 모방하거나 성능·기능의 개선이 없는 아이디어
   ex) USB의 외형 개선 등

④ 시제품 제작이 완료된 아이디어

⑤ 시제품이 타인의 지식 재산권을 침해하는 경우
   * 타인의 아이디어나 지식 재산권을 모방하여 분쟁이 예상되는 아이디어

⑥ 국가 공인기관의 시험검사 성적서 등 객관적인 자료가 없는 음식
  물, 화학물질, 바이오 등

4   문의처 및 접수처

가   문 의 처

○ 소상공인진흥원 지식서비스부 : 042-363-7601,7608,7625

 - 홈페이지 : www.seniorok.kr (시니어넷)

○ 서울 지역

지 역	전화번호	이메일	팩스
노원구	02) 944-6032~8	finenok@paran.com	02)944-6049
	(주소) 서울시 노원구 공릉로 232 서울테크노파크 12층		
마포구	070) 7727-4100	jjwcoco@sogang.ac.kr	02)302-6969
	(주소) 서울시 마포구 매봉산로 18 마포창업복지관 6층		
은평구	02) 6015-9343	epbiz@naver.com	02)6015-9776
	(주소) 서울시 은평구 은평로21길 52 은평구청 제3별관 2층		

○ 경기 지역

지 역	전화번호	이메일	팩스
수원시	031) 241-1713,5	highshin@bizplaza.org	031)241-1716
	(주소) 경기도 수원시 팔달구 수원천로255번길 6 영동시장 2층		
의정부	031) 828-8877	krokmc567@hanmail.net	031)826-7740
	(주소) 경기도 의정부시 경의로 114 영빈빌딩 4층		

○ 부산·대구·광주·울산 지역

지 역	전화번호	이메일	팩스
부산	051) 205-1014	jhgong@dreamwiz.com	051) 205-1015
	(주소) 부산시 사하구 낙동대로 498 초이스빌딩 4층		
대구	053) 784-8261	innotech12@gmail.com	053) 784-8262
	(주소) 대구시 수성구 지산동 1276-8번지 지산농협 2층		
광주	062) 236-3261~2	young585@naver.com	062)236-3263
	(주소) 광주광역시 동구 금남로2가 20-2 무등빌딩 10층		
울산	052) 277-8591	hyuny3525@korea.kr	052) 277-8593
	(주소) 울산광역시 울주군 웅촌면 운문당길 31		

○ 경북·강원 지역

지 역	전화번호	이메일	팩스
칠곡	054) 973-9604~5	juhyun@kiu.kr	054)973-9606
	(주소) 경상북도 칠곡군 왜관읍 공단로 1길(칠곡상공회의소) 2층		
춘천	033) 245-6800~1	mna9000@gmail.com	033)257-1455
	(주소) 춘천시 서면 박사로 384(강원정보문화진흥원) 212호		

　그 다음 이 중심 주제를 설명해주면서 가장 큰 의미를 가진 부 주제를 찾는다. 이 공고문에서는 모집개요, 신청 및 선정, 유의사항, 문의 및 접수처가 된다.

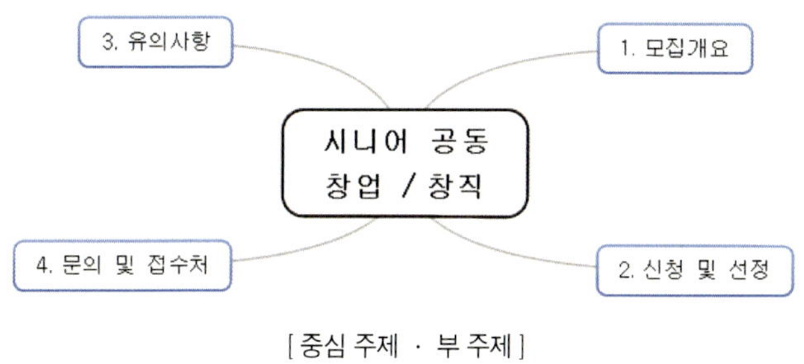

[중심 주제 · 부 주제]

　이번엔 부 주제를 설명해주면서 한 단계 낮은 크기의 의미를 가진 소 주제를 찾는다. 모집개요를 예로 들면 사업목적, 지원규모, 추진절차가 된다.

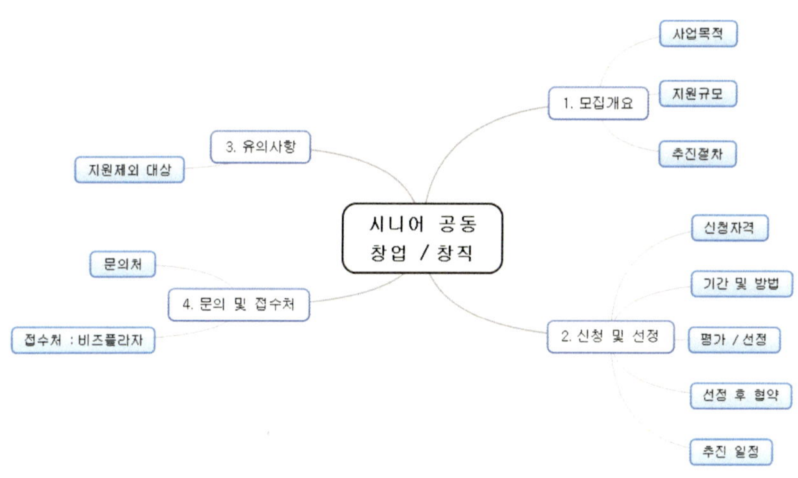

[중심 주제 · 부 주제 - 소주제]

이제 그 소주제를 설명해주는 핵심적인 내용을 핵심단어로 정리하면 전체의 구성, 구조를 한눈에 볼 수 있는 마인드맵이 완성된다.

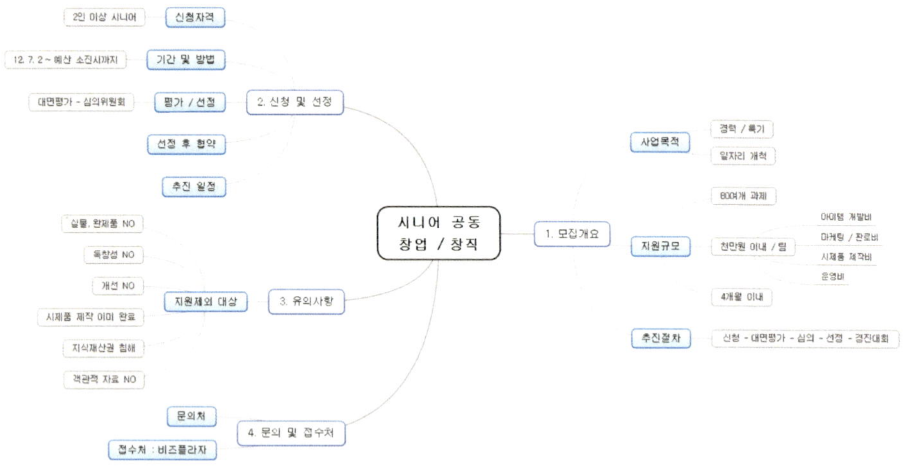

[마인드맵 샘플 · 완성본]

　마인드맵은 손으로 그려서 표현할 수도 있고, 예에서 본 것처럼 마인드맵 프로그램을 활용해서 표현할 수도 있다. 최근에는 다양한 마인드맵 프로그램들이 많이 나와 있어서 검색을 통해 쉽게 구할 수 있다.

　생각을 정리할 때 크게 두 가지로 분류할 수 있다. 첫째는 다른 사람의 생각, 즉 이미 나와 있는 지식이나 정보들을 요약하는 방식(수렴)으로 앞에서 예를 통해 본 것이다. 두 번째는 자신의 머릿속에 있는 생각을 끄집어내면서 정리하는 방식(확산)이다. 지원사업의 사업 계획서를 작성할 때는 정해진 기본 양식의 구조, 구성을 분석하고, 마인드맵의 두 번째 정리 방식을 활용하면 매우 효과적으로 작성할 수 있다.

II. 공동 창업 창직 활동 세부 계획

공동창업(창직)명	제안하고자 하는 창직 활동에 대하여 10자 내외로 명료하게 표현
활 동 기 간	2012년 월 일 ~ 월 일(※총 3개월 이내)
발 굴 원 천	☐ 관련 경력 ☐ 관련 취미 ☐ 평소 관심사 ☐ 지역사회 기여 ☐ 기타
아 이 디 어 명	창직 아이디어 명칭을 기재

※ 첫 페이지 포함 <u>10장 이내로</u> 사업 계획서 작성

아이디어 개요	(공동 창업 창직 아이디어에 대한 소개)

1. 공동 창업 창직 아이디어(아이템 특성, 핵심 기술, 사업화 가능성)

2. 아이디어(아이템) 구체화 계획(또는 시장진입 계획)

3. 아이디어(아이템)의 차별성(저작권, 특허 등 내용, 예상 파급효과 등)

4. 기타 자유롭게 작성

<table>
<tr><td>공동 창직 계획</td><td>공동 창업 창직 활동 준비 현황 및 구체적 활동계획</td></tr>
</table>

1. 활동 목표(중·장기목표, 지역사회 기여, 기타 성과 등)

2. 창직 활동 준비 현황

3. 팀의 역량(공동사업화 및 창직화 능력, 사업수행 능력, 활동의지 등)

4. 공동 창업 창직 활동계획

5. 세부 활동 일정(구체적으로 작성)

공동 창업 창직 활동 준비 현황 및 구체적 활동계획

1. 공동 창업 창직 지원활동의 예상 성과

2. 사업기간 완료 후 활동 계획

III. 소요예산 세부 내역

> ※ 소요예산 세부 내역 작성요령 참고(다음 페이지)

(단위 : 천원)

	세 부 항 목	산 출 근 거	사 업 비	계
활 동 비	아이템 개발비			
	- 외주용역비			
	- 현장체험비			
	- 교육 및 멘토링비			
	-			
	시제품 제작비			
	- 재료비			
	- 외주용역비			
	- 기자재 임차비			
	-			
	마케팅·판로 개척비			
	- 소비자 반응조사			
	- 쇼케이스 행사개최			
	-			
계 (A)				
운 영 비	일반 수용비			
	-			
	업무 추진비			
	-			
	여비			
	-			
계 (B)				
총 계 (A + B)				

소요예산 세부 내역 작성요령

1. 사업비 구성 : 활동비, 운영비로 구성되며, 운영비는 총 사업비의 20% 이내로 구성

   창업 활동비 : 공동 창업(창직) 팀이 제출한 창직 활동 목표와 부합하는 창직 활동에 필요한 아이템 개발비, 시제품 개발비, 마케팅·판로 개척비, 기타 활동비용으로 구성되며, 총 사업비의 80% 이상 편성.

   운영비 : 창직 활동을 운영하는 데 필요한 간접적으로 소요되는 경비로 일반 수용비, 업무 추진비, 여비로 구성되며 총 사업비의 20% 이내로 편성.

2. 사업비 세부 편성 지침

   활동비(80%)
   - 아이템 개발비

세 부 내 역	편 성 지 침
외주용역비	비교견적(2개 업체 이상)하여 사업목적 대비 최저의 비용을 제시한 업체와 계약 ※ 현재 참여 중인 공동 창직 팀의 소속회사, 업체에 사업자 본인, 직계존비속, 형제, 자매, 배우자의 관계가 있는 경우 외주용역 거래 불가
현장체험비	참가비, 체험에 직접적으로 소용되는 경비를 실비용으로 계상
교육 및 멘토링비	직접교육 강사비 : 시간당 20만 원 이내 지급 외부교육 참가비 : 실비용으로 계상 멘토링비 : 시간당 10만 원 이내 지급
기타 필요내역	아이템 개발에 직접적으로 소요되는 기타 필요내역을 상세히 작성

   - 시제품 개발비

세 부 내 역	편 성 지 침
외주용역비	비교견적(2개 업체 이상)하여 사업목적 대비 최저의 비용을 제시한 업체와 계약 ※ 현재 참여중인 공동 창직 팀의 소속회사, 업체에 사업자 본인, 직계존비속, 형제, 자매, 배우자의 관계가 있는 경우 외주용역 거래 불가
재료비	시제품 개발에 필요한 재료 구입비를 실비용으로 계상
기자재 임차비	시제품 개발에 필요한 기자재를 협약 기간으로 임차계약 진행 ※ 협약 기간을 초과하는 임차비는 공동 창직 팀에서 부담
기타 필요내역	시제품 개발에 직접적으로 소요되는 기타 필요내역을 상세히 작성

   - 마케팅·판로 개척비

세 부 내 역	편 성 지 침
소비자 반응조사	설문지 제작비, 자문비 등 조사에 직접적으로 소요되는 경비
쇼케이스 행사진행	홍보행사에 필요한 물품구매, 홍보물 제작 등 직접적으로 소요되는 경비
기타 필요내역	마케팅·판로 개척에 직접적으로 소요되는 기타 필요내역을 상세히 작성

   - 기타 활동비용

세 부 내 역	편 성 지 침
기타 필요내역	창직활동 목적을 달성하기 위해 직접적으로 소요되는 항목외 경비 상세히 작성

   운영비(20%)
   - 일반수용비 : 당해년도 창직 활동을 수행하는 데 필요한 <u>사무용품 구입비, 인쇄비, 소모성 물품 구입비, 간행물 구입비, 공공요금, 수수료 및 사용료</u>
   - 업무 추진비 : 1회 모임 기준 1인당 1만 원으로 편성(네트워킹을 위한 식대로 활용가능)
   - 여비 : 공공 창업 창직 활동 시 이동에 필요한 비용으로 실비용으로 계상
     * 버스, 기차와 같이 공공 교통수단 이용을 기준으로 계산하며, 체험활동 등을 위한 차량 임차, 개인차량 사용 등과 같은 경우 실비 계상

먼저 사업 계획서 양식이 어떤 구성, 어떤 구조로 되어 있는지 분석하기 위해 주제별로 분류해보고, 주제별로 들어갈 내용을 나열한다.

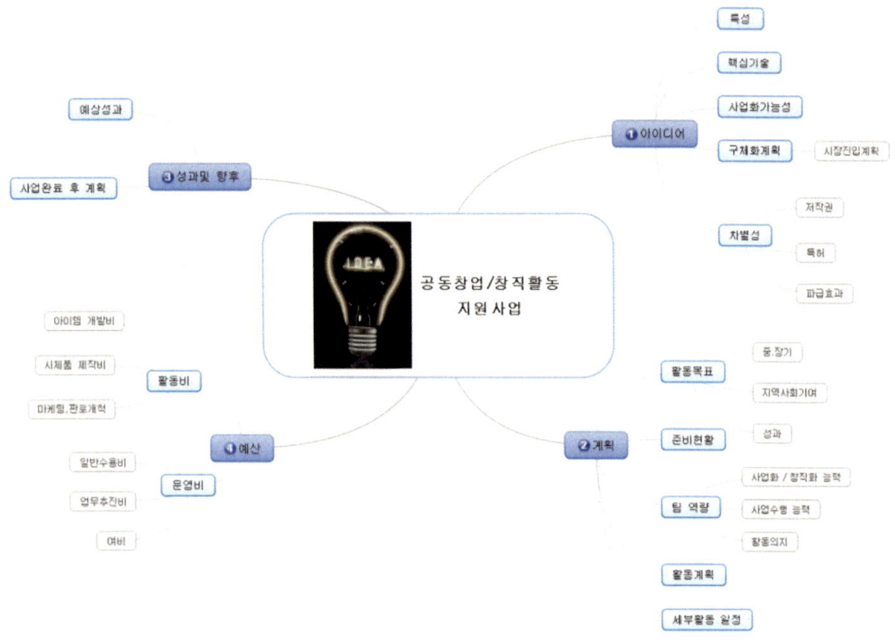

[사업 계획서 양식 구성과 구조 분석]

부 주제의
확장 및 적용

이제 주제와 들어갈 내용에 해당하는 곳에 자신의 아이템과 관련된 내용을 생각나는 대로 쏟아낸다(브레인스토밍, brainstorming). 각 주제별로 내용이 채워지면 어떤 컨셉트로 쓸 것인지 전체 방향을 설정하고, 브레인스토밍 했던 내용 중 전체 방향과 맞지 않는 부분은 삭제하고, 더 필요한 부분은 추가해가며 완성해나간다. 마인드맵이 어느 정도 완성되면 작성한 마인드맵을 보면서 사업 계획서에 개조 식 형태의 글로 풀어나간다. 앞의 예에서 본 것처럼 마인드맵을 활용하면 전체를 한눈에 볼 수 있어서 사업 계획서의 일관성을 유지할 수 있고, 분류된 주제와 관련된 지식, 정보들을 신속하고 다양하게 도출해 낼 수 있어 사업 계획서를 쓰기가 수월해진다.

II. 공동 창업 창직 활동 세부계획

공동창업(창직)명	베이비붐 업
활 동 기 간	2012년 9 월 1 일 ~ 11 월 30 일 (※총 3개월 이내)
발 굴 원 천	■ 관련 경력 □ 관련 취미 □ 평소 관심사 □ 지역사회 기여 □ 기타
아이디어 명	베이비붐 세대를 위한 성공 창업 서적 출판

※ 첫 페이지 포함 <u>10장 이내로</u> 사업 계획서 작성

아이디어 개요	(공동 창업 창직 아이디어에 대한 소개)

1. 공동 창업 창직 아이디어
 1) 아이템 선정 배경
 - 서울시 장년창업센터 입주자들이 '창업자금 정부지원 사업 신청서 함께 쓰는 스터디' 모임을 결성하여 활동 (2012. 2. 22 ~).
 - 소상공인진흥원의 '소규모 창업스쿨 지원사업'에 선정되어 창업 전문가를 초빙, 창업자금 정부지원 사업 관련 강의와 코칭을 받게 됨.
 - 예비 기술창업자 육성사업, 아이디어 상품화 지원사업, 창업 맞춤형 지원사업 등에 대거 선정됨.

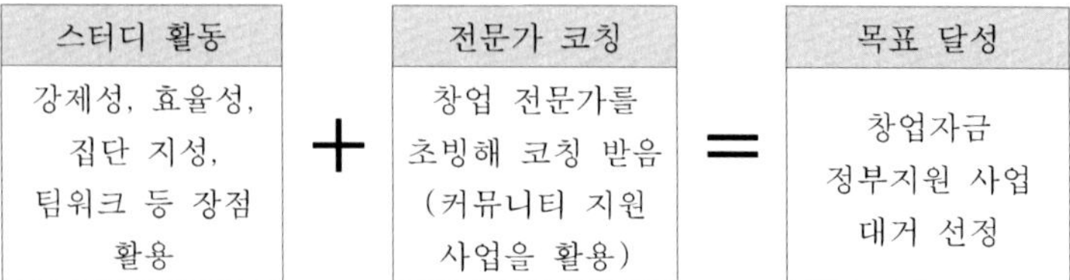

 2) 공동 창업 창직 아이디어 요약
 - 창업자금 정부지원 사업 선정의 성공적인 경험, 노하우를 바탕으로 40세 이상의 시니어 및 베이비붐 세대를 위한 서적을 출판.
 - 출판 수익으로 창업 전문가를 지속적으로 초빙하여 교육 및 코칭.
 - 일자리 취약 계층의 성공 창업 지원을 통한 사회 공헌.

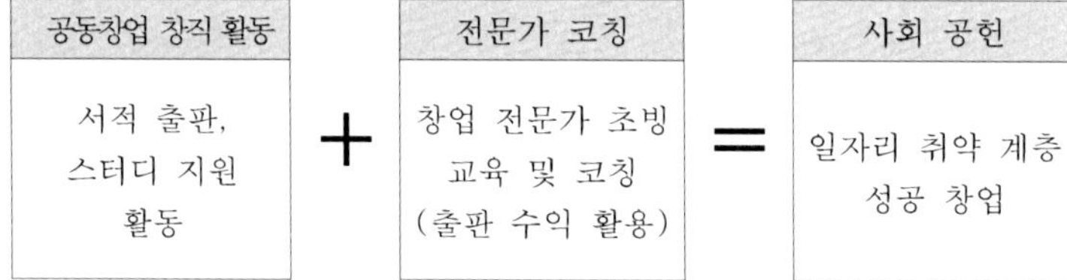

3) 사업화 가능성
① 시장 상황
- 2010년 이후 베이비붐 세대의 퇴직 본격화

[표1] 50대 이상 연간 퇴직자 수 (단위: 명)

연도	07년	08년	09년	10년
퇴직자 수 (명)	459,005	523,218	680,957	748,607

※ 자료 : 국세청, 퇴직 소득 원천징수 신고 현황

- 향후 3년간 150만 명 이상 베이비붐 세대 퇴직 예상.
- 당면한 청년실업 문제에 묻혀 관심사로 부각되지 못함.
- 현재 정부 기관에서 베이비붐 세대의 경험, 전문성, 사회적 네트워크 등의
  자원을 활용하기 위한 각종 시니어 창업지원 정책 운영 중.
- 창업지원 정책 확대로 창업에 대한 관심 고조.

② 목표 시장의 요구
- 창업에 관한 이론과 실제에 대한 괴리감.
- 정보와 지식의 부족으로 창업에 대한 부담.
- 창업자금의 경우 자신과 상관없는 특별한 사람만 받는 것으로 오해.
- 아이디어는 있지만 서류 작업에 어려움을 느껴 포기하는 경우가 많음.
- 특히 여성, 고령 창업자의 경우 사업 계획서 작성을 상당히 힘들어함.
- SNS를 활용한 인터넷 마케팅이 필요한 시대이지만 적응하지 못함.

③ STP 전략

Segmentation	Targeting	Positioning
창업자금 정부지원 사업	40세 이상 시니어, 베이비붐 세대	스터디를 통한 정보 공유, 출판

- 본 과제는 창업 관련 시장 중 창업자금 정부지원 사업으로 세분화하고, 40세
  이상의 시니어 및 베이비붐 세대를 목표 고객으로 하여 스터디를 통한 정
  보 공유와 출판을 통해 창업자금 관련 정보 서비스를 제공함.

④ SWOT 분석

| [강점]
– 베이비부머, 성공학 전문가
– 창업자금 지원정책 사업 경험,
　노하우 집단 보유
　(다양한 성공, 실패 사례) | [약점]
– 자금 부족
☞ 지원자금, 조건부 계약으로 해결
– 인지도 부족
☞ 베이비부머, 성공학으로 특화
　하여 공략 |
| [기회]
– 베이비붐 세대 퇴직자 증가
– 정부 기관의 시니어 지원정책
　증가
– 창업 붐 조성을 위한 각종 노력 | [위협 요인]
– 유사 아이템 출시
☞ 베이비부머, 성공, 창업자금으로
　특화, 시장 선점 |

2. 아이디어(아이템) 구체화 계획과 시장 진입 계획
 1) 출판
  – 콘셉트 : 40세 이상의 시니어와 베이비붐 세대를 위한 성공, 창업 관련 정부
　　정책 과제에 대한 정보와 실전 준비 요령
  – 정부정책 과제 최종 선정자와 탈락자들의 성공 또는 실패 경험 사례

 2) 스터디 활동(창업 전문 강사 초빙)
  – 정부정책 과제에 대한 이해
  – 비즈니스 모델 개발을 위한 창의적 사고 훈련(마인드맵)
  – 정부정책 과제 신청을 위한 사업 계획서 작성
  – 발표심사 준비를 위한 프레젠테이션 요령
  – 마케팅 전략 : SNS, 블로그 등 인터넷 마케팅
  – 창업 관련 인프라를 활용, 정보 교류

 3) 시장 진입
  – 『베이비붐 세대를 위한 성공 창업』 출판
  → SNS 등을 활용한 인터넷 홍보, 창업 관련 커뮤니티를 통한 마케팅
  → 창업 관련 기관(서울장년창업센터, 비즈플라자, 시니어넷 커뮤니티 등)

3. 아이디어(아이템)의 차별성(저작권, 특허 등 내용, 예상 파급효과 등)
 1) 경쟁력
  - 기존과 다른 형식의 창업 관련 서적 출판

기존	본 아이템
- 이론 중심 서적 - 내용전달 형식의 교육 - 창업 전반에 관한 일반적인 　수기 형태	- 실전, 경험 중심의 내용 - 직접 참여하는 스터디 그룹 형식 - 창업자금 정부지원 사업에 특화 　경험을 토대로 한 노하우 전달

  - 서울장년창업센터를 기반으로 지속적인 활동 가능
   : 2011년부터 창업자 1기 모집을 시작으로 현재 3기 모집 중

 2) 저작권
  - 베이비부머, 성공학에 관한 서적 출판으로 저작권 보유
  - 공동 창업, 창직 활동인 출판을 통하여 저작권 확보 예정

 3) 예상 파급효과
  ① 개인, 가정
  - 개인의 행복한 삶에 일조
   : 창업 성공을 통한 자존감, 자긍심 향상
   : 지식을 공유하고 나누는 활동을 통해 가치 발견
  - 경제적인 문제 해소로 화목한 가정 증가

  ② 사회
  - 노인, 여성, 장애인 등 일자리 취약 계층의 창업 증가
  - 베이비붐 세대로 인한 사회 문제 감소
  - 시니어 창업 성공으로 일자리 창출, 청년 취업 증가
  - 시니어들의 성공이 창업을 준비하는 청년들에게 동기부여 기회 제공

  ③ 국가
  - 베이비붐 세대 문제 해결을 위한 기회비용 지출 감소
  - 취업, 창업의 증가를 통한 국가 경쟁력 향상
  - 경쟁력을 가진 기업들의 글로벌 진출로 외화 수입 창출

1. 활동 목표(중·장기 목표, 지역사회 기여, 기타 성과 등)
 1) 중·장기 목표

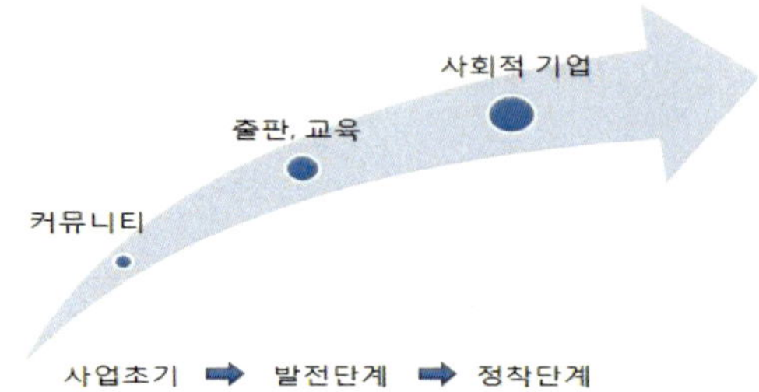

 2) 성과 목표
 - 40세 이상의 시니어 및 베이비붐 세대의 창업 실패를 예방하는 사업 전략의
   기획 및 수립, 온라인/오프라인 마케팅 전략에 대한 정보를 공유함으로써
   창업 준비 및 초기 실행단계에서의 시행착오를 예방

목 표	세부 목표	측정 방법
사업자 등록 건수	- 건수 30건 이상 / 년	신규 등록 건수
정부사업 선정 건수	- 선정자 10명 이상 / 년	선정 여부 확인

2. 창직 활동 준비 현황(스터디그룹 활동)

 - 12.02.22 : '창업자금 지원서 함께 써보는 스터디' 첫 모임(참석자 30명)
 - 12.02.29 : 창업 아이템 상품화 지원사업 신청
 - 12.03.29 : 소규모 창업스쿨 지원사업(소상공인진흥원) 선정 - 270만 원 지원
 - 12.04.18 : 창업 전문 강사 초빙, 교육 및 코칭
 - 12.04.30 : G-창업 프로젝트 선정 1명
 - 12.05.07 : 예비 기술창업자 육성사업 선정 3명
 - 12.05.24 : 창업맞춤형 사업화 지원사업 신청(정회원의 65%)
 - 12.06.12 - 소상공인진흥원 시니어넷 커뮤니티 개설
 - 12.06.12 - 창업맞춤형 사업화 지원사업 선정 9명

 ※ 12.02.22일 첫 모임 이후 총 30회 스터디 모임
   상기 지원사업 외 창업 아이템 상품화 지원사업, 사회적 기업가 육성 지원
   사업, 실전 창업 리그 슈퍼스타 V 등 정부 창업지원 사업 관련 다수 지원

3. 팀의 역량(공동사업화 및 창직화 능력, 사업수행 능력, 활동의지 등)
 1) 본 사업과제 관련 이력 및 경력
  ① 베이비부머, 성공학 전문지식 분야 :
  - 2003
  - 2004
  - 2005   집필
  - 2006   강의
  - 2007   집필 출판

  ② 창업 관련 정보 및 지식 공유, 교육 분야 :
  -   자격
  - 2000년 :
  - 2008년 :   강사
  - 2008년 :
  - 2009년 :   강사
  - 2010년 :   교육 이수
  - 2011년 :   이수
  - 2012년 :
  - 2012년 : 창업자금 준비 스터디모임 운영(장년창업센터)
  - 2012년 :

 2) 창업자금 정부지원 사업 관련 사례 참여자

구분	성명	아이템	성명	아이템

4. 공동 창업 창직 활동 계획
- 4P Mix 전략

4P	액션 플랜
상품(Product)	베이비붐 세대, 성공, 창업자금 정부지원 사업의 경험, 노하우에 특화된 서적
가격(Price)	창업 관련 정보 서적 대비 20~30% 저렴
프 로 모 션 (Promotion)	블로그, 카페, 페이스북, 트위터 등 SNS를 활용한 홍보 창업 관련 커뮤니티를 통한 마케팅
유통(Place)	서점, 오픈마켓, 창업 관련 기관 및 커뮤니티(서울장년 창업센터, 비즈플라자, 시니어넷 커뮤니티 등)

5. 세부 활동 일정(구체적으로 작성)

세부 활동 계획	일 정	예상 비용
출판 기획 : 기획, 제작 업체 선정	2012년 9월	
출판을 위한 스터디 : 자료수집, 원고작성, 마케팅 교육	2012년 9월 ~ 2012년 11월	마케팅 교육 외 1,200,000원
자료 수집 : 자금지원 사업 경험, 노하우 등	2012년 9월 ~ 2012년 10월	스터디 운영 일반 관리비 2,000,000원
원고 작성 : 출판을 위한 목차별 구성	2012년 9월 ~ 2012년 10월	
원고 교정, 디자인, 편집 : 저술 내용의 수정, 보완	2012년 10월 말	초판 1,000부 6,000,000원
인쇄, 출판 : 제작 업체 대행	2012년 11월	
홍보, 마케팅 : 인터넷과 창업관련 커뮤니티, 기관	2012년 9월 ~	홍보물 800,000원

1. 공동 창업 창직 지원활동의 예상 성과
1) 수익 창출(매출 계획)

(단위 : 천원)

구 분	2013년	2014년	2015년	비 고
매출	86,000	172,000	258,000	
출판	50,000 (5천부)	100,000 (1만부)	150,000 (1만5천부)	10,000원/1부
강연	36,000 (10회/월)	72,000 (20회/월)	108,000 (30회/월)	성공, 베이비부머 관련 30만 원/1회

2) 창업 성공사례 배출
- 창업자금 정부지원 사업 선정 : 10건 이상 / 매년
  (40세 이상의 시니어 및 베이비붐 세대)
- 신규 사업자등록 건수 : 30건 이상 / 년
  (노인, 여성, 장애인, 베이비부머 등 일자리 취약 계층 10건 이상 포함)

2. 사업기간 완료 후 활동 계획
1) 출판(단계별로 콘셉트 및 내용을 다르게 하여 출판 지속)
- 1단계 : 베이비붐 세대, 성공, 창업자금 정부지원 사업의 경험, 노하우에
        관한 내용
- 2단계 : 스터디 활동을 통해 지속적인 경험, 성공/실패 사례 발굴
- 3단계 : 창업자금 외 경영, 재무, 홍보, 마케팅 등의 내용으로 확대

2) 스터디, 교육
- 창업자금 정부지원 사업 외 사업 운영에 필요한 정보, 지식 습득
- 창업 관련 전문가 집단과의 지속 교류를 통한 수준별 교육 실시
- 출판 활동과 연계된 교육 내용으로 구성

3) 사회적 기업 사업모델 개발
- 노인, 여성, 장애인 등 일자리 취약 계층에 창업 정보 제공 및 지원
- 베이비붐 세대, 청년 실업 등 사회문제 해소에 기여

Ⅲ. 소요예산 세부 내역

※ 소요예산 세부 내역 작성요령 참고(다음 페이지)

(단위 : 천원)

	세 부 항 목	산 출 근 거	사 업 비	계
활 동 비	아이템 개발비			1,200
	- 외주용역비			
	- 현장체험비			
	- 교육 및 멘토링비	8시간 × 15만 원 (전문 강사)	1,200	
	-			
	시제품 제작비			6,000
	- 재료비			
	- 외주용역비	인쇄 1,000부	4,000	
		교정, 디자인, 편집	2,000	
	- 기자재 임차비			
	마케팅·판로 개척비			800
	- 소비자 반응조사			
	- 쇼케이스 행사개최			
	- 홍보물	리플릿(4,000부), 홍보용 명함	800	
계 (A)				8,000
운 영 비	일반 수용비			900
	- 사무용품 구입 외	3개월(월 30만 원)	900	
	업무 추진비			900
	- 스터디 네트워킹	식비 및 간식비 3개월(월 30만 원)	900	
	여비			200
	- 교통비	1인 10만 원(3개월)	200	
계 (B)				2,000
총 계 (A + B)				10,000

프레젠테이션 팁(Tips) V

일반적인 프레젠테이션

창조적 프레젠테이션

프레젠테이션 실례

일반적인 프레젠테이션

발표의 기본은 원고를 보지 않고 듣는 사람과의 상호교감을 위해 시선을 맞춰가며 하는 것이라고 배웠다. 몇 차례의 창업교육에서도 다르지 않았다. 그러나 강의 경험이 있지 않고서는 원고를 보지 않고 남들 앞에서 말한다는 것은 여간 어려운 일이 아니다. 발표심사를 앞두고 스터디 모임에서도 여러 가지 방법을 동원하며 많은 연습을 했지만 대부분의 창업자들이 어려워했다.

여기서는 자신만의 창의적인 방법으로 멋지게 프레젠테이션을 소화해 낸 창업자 한 분의 예를 소개하려 한다. 발표심사 때 대부분의 심사위원들이 발표자를 보기보다는 제출한 사업 계획서를 훑어보는 데 더 바쁘다는 특성을 잘 활용하여, 원고를 보면서 하는 방식의 장점과 창업자 본인의 강점을 잘 살린 사례라고 볼 수 있다.

창조적 프레젠테이션

여기에 소개된 발표자가 선택한 PPT 발표 요령은

첫째, 자신감 있는 전달력에 주력했다. 이때 필요한 것은 명확한 발음과 발성, 끊어읽기 호흡법이다.

둘째, 꿋꿋한 의지력이 돋보이는 자세에 뒀다. 보통 심사위원들 앞에 서면 자신감이 급 강하하여, 어색함에서 비롯된 산만한 몸짓이 나올 수 있다. 특히 흔들리지 않는 눈빛과 원하는 곳에 시선을 고정하는 연습을 했다.

셋째, 예상 질문에 대한 답을 미리 세워보았다(ex-만약 내가 심사한다면?).

넷째, 돌발 상황에도 당황하지 않는 담력을 키우라(ex-여러 사고의 정황들을 시뮬레이션화해서 상상하라).

발표자의 경우 발표 당시 중요한 자료인 영상이 돌지 않은 데다, 컴퓨터 기종이 달라서 커서의 위치가 달랐다. 발표의 시작과 동시에 초시계가 돌아갔다. 다른 컴퓨터의 커서라서 조작이 서툴렀는지 화면이 넘어가지 않았다(문제해결 능력을 스스로 키워야 한다).

마지막으로 중요한 포인트, 대본을 써서 읽어도 된다. 심사위원들은 예비 사업자가 얼마나 자기 아이템을 잘 외워서 발표를 잘하느냐가 아니라, 자신의 아이템에 대한 확신과 부족해도 하겠다는 사업자의 의지를 더 많이 본다. 발표자의 경우 컴퓨터와 친숙하지 않은 세대다. 또 PPT와 사업 발표 등이 낯설고, 위축될 수밖에 없는 나이다. 그럼에도 삶은 숭고하다. 사업실패로 좌절하고, 생활이 어려워 비관자살이 늘고 있다. 끝까지 자신을 포기하지 말라고 말하고 싶다. 발표자는 누군가에게 조언을 남길 정도의 삶을 살진 못했어도 진실한 생활을 했기에, 자신을 극복해야 한다는 숙제를 스스로 풀려고 했을 뿐이다. 이 글을 읽게 될 독자들도 발표자와 같이 자신의 숙제를 풀어보지 않겠는가!

프레젠테이션의 실례

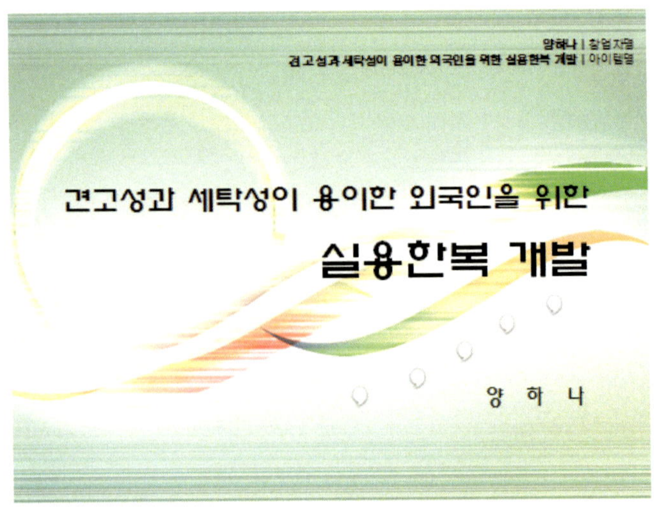

[표지]

 **[1페이지]**

안녕하세요. 양하나입니다. 견고성과 세탁성이 용이한 실용한복을 소
개하겠습니다.

[2페이지]

'한복'이라고 하면 무엇이 떠오르십니까? 바로 '한국의 옷'이라는 것이죠. 그렇다면 한국인들은 한복이 우리 옷이라고 생각하는 것만큼 얼마나 입을까요?

[3페이지]

문화부에서 조사한 바에 의하면 한국인 평균 96%는 한복을 착용한 경험이 있습니다. 그리고 전통한복의 착용 경험이 더 크게 나타난 것으로 보아 한국인은 한복을 일상복보다 예식복으로 이용하는 것을 알 수 있습니다. 결국 우리 옷은 우리가 일상적으로 착용할 수 있는 의복이 아니라는 겁니다.

[4페이지]

이제는 새로운 한복이 필요합니다. 한복에 대한 생각이 달라져야 합니다. 한국의 전통과 서양 복식의 기능성을 접목한 신개념의 실용적인 한복을 만들려고 합니다. 세부적으로 설명드리겠습니다.

[5페이지]

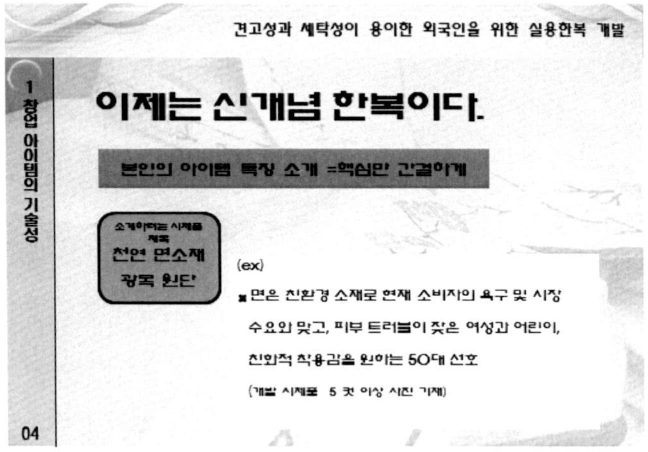

☞ 이 부분의 멘트는 아이템의 핵심적인 기술이 포함되어 있어 *Tip*으로 대체함.

Tip 본인의 아이템 특징 소개=핵심만 간결하게 (개발 시제품 3~5컷의 사진 기재)

[6페이지]

☞ 이 부분의 멘트는 아이템의 핵심적인 기술이 포함되어 있어 *Tip*으로 대체함.

Tip 본인의 시제품 사진 1컷씩 소개하는 화면들(필자의 경우 8컷의 시제품 사진 소개했음)

 **[7페이지]**

한국을 대표하는 서울의 북촌마을과 인근 인사동의 한복은 새로운 디자인을 도입했으나 한국의 우아함이 결여된 디자인이 아쉽습니다. 가격은 광목 블라우스의 경우 19만 원에서 25만 원으로 판매되고 있습니다.

 **[8페이지]**

'이새'는 독특한 옷감과 디자인을 장점으로 하지만 가격대가 높아 젊은 층이나 일반인의 접근이 어렵고, 재킷의 경우 40만 원에서 70만 원에 판매되고 있습니다.

 [9페이지]

이영희의 '우리 옷'은 고급원단, 과감한 색체로 브랜드화된 한복 업체로서 높은 가격대가 실용 옷보다는 예복으로 적합하다고 여겨집니다.

 [10페이지]

'돌실나이'는 서민적인 전통 의상을 지향하는 업체로 가격대와 디자인이 소비자의 선호도가 높으나, 보시는 바와 같이 젊은 세대가 선호하는 디자인은 아닙니다.

[11페이지]

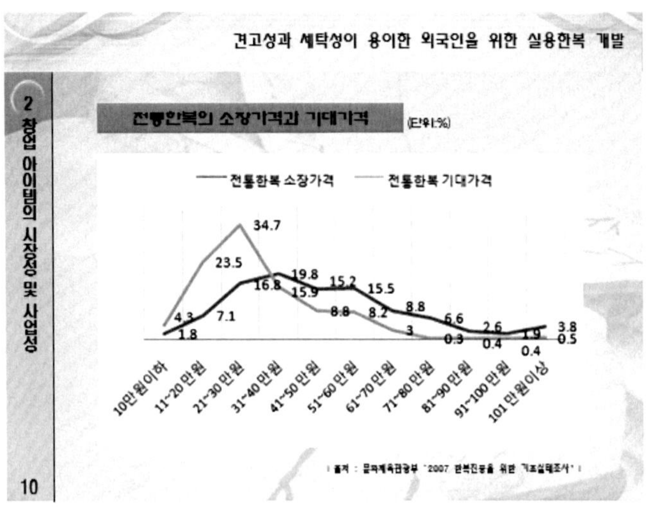

소비자 가격대와 관련된 그래프입니다. 연한 색의 그래프는 한복에 대한 기대가격이고, 진한 색은 직접 소장하고 있는 한복의 가격입니다. 기대가격은 30만 원 이하가 주를 이루고 있지만, 실제 갖고 있는 한복은 30만 원에서 60만 원까지로 보아 기대가격과 소장가격의 격차를 좁혀준다면, 한복 소장에 대한 기회는 충분히 늘어날 것입니다.

[12페이지]

☞ *이 부분의 멘트는 아이템의 핵심적인 기술이 포함되어 있어 Tip으로 대체함.*

Tip 본인의 창업 세부 계획과 방향성 제시

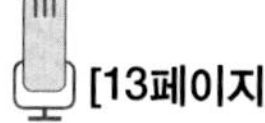 **[13페이지]**

지금까지는 시제품을 제작하기 위한 디자인 구상과 생산 계획을 세웠습니다. 올 여름까지 제작기술에 대한 자문을 받고, 가을부터는 실용한복 시제품 제작에 돌입하여 특허 출원을 준비하겠습니다. 연말과 내년 초까지 완제품 생산 체제를 확립하겠습니다.

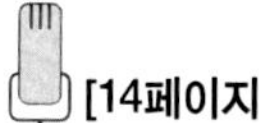 **[14페이지]**

창업을 위해 지금까지 약 660만 원의 선 투자금이 들어갔습니다. 자세한 시제품 관련 자금들은 자료를 참고해주시기 바랍니다. (1차서면 사업 계획서를 시험관들에게 복사본으로 배부, 발표 시 자료를 보고 있음.)

[15페이지]

앞의 일정대로 추진할 시 대략 5천만 원의 사업비가 들어갈 것으로 예상됩니다. 그 중 창업자 부담금에 해당하는 금액은 준비가 되어 있으며, 정부의 지원만 있으면 신개념의 실용한복이 현실이 됩니다. 비목별 사업비는 자료를 참고해주시기 바랍니다.

[16페이지]

저는 어린 시절 한복을 일상복으로 입었고, 창덕궁과 창경궁의 아름다운 정원에서 포근한 유년기를 보냈습니다. 참고로 옆의 그림은 저의 공연 모습입니다. (본인의 아이템과 예비자를 어필할 수 있는 사진 1컷도 좋음.)

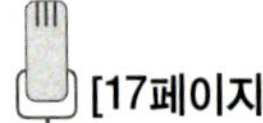

[17페이지]

한국의 의복을 새롭게 해석하기 위해 꾸준한 교육과 관련 경력을 쌓았습니다. (계획서나 보고서 작성 요령 중 중요한 부분은 맨 앞에 기재하는 것이 좋음.)

[18페이지]

저는 외국인에게

 **[19페이지]**

우수한 한복을 알리고 싶습니다.

 **[20페이지]**

한국인에게는 한복을 일상복으로 입히고 싶습니다.

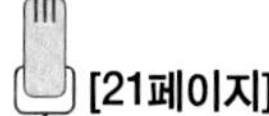 **[21페이지]**

특히 20, 30대에게 한복의 매력을 경험시키고 싶습니다.

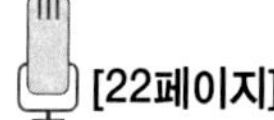 **[22페이지]**

한복. 한국의 옷입니까?

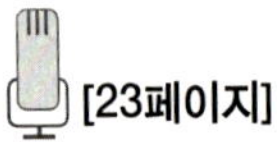 [23페이지]

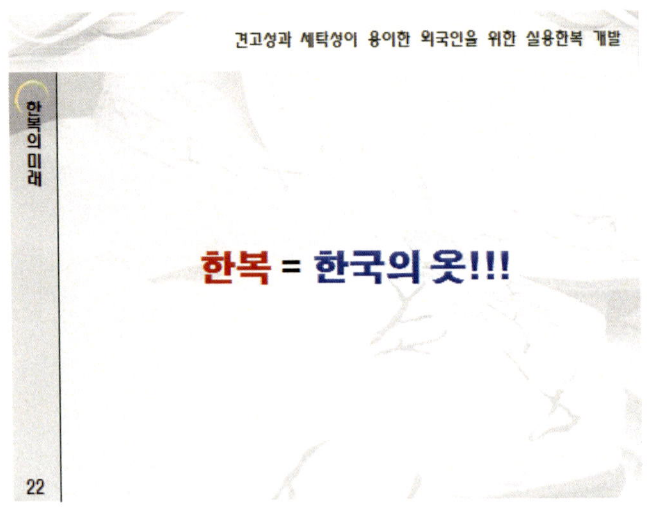

한복은 한민족의 옷이고, 우리나라의 옷이며, 바로 나의 옷입니다.

 [24페이지]

감사합니다.

백지장도 맞들면 낫다 VI

창업 준비 시 스터디 모임의 장점

스터디 모임 운영은 이렇게

모임 지원 활용

혼자 뭔가를 한다는 건 외롭고 힘들다. 창업의 길은 더 그렇다. 자칫 자기만의 생각에 빠지면 세상과 소통할 수 없는 제품을 만들고 결국 실패의 길을 걷게 될 수 있다. 그런 면에서 볼 때 창업 준비에 있어서 스터디 모임은 매우 중요하다. 혼자 할 때 할 수 없는 많은 것들을 해결해줄 수 있다.

창업 준비 시
스터디 모임의 장점

1. 자신의 아이템에 대해 다른 사람의 의견을 듣고 평가 받을 수 있다.

2. 자칫 나태해질 수 있는 '개인'을 '조직의 장점(강제성, 책임감)' 으로 관리할 수 있다.

3. 자신의 부족한 부분에 대해서는 도움을 받고, 잘할 수 있는 부분은 나눌 수 있다.

4. 지식과 정보가 넘치는 시대에 효율적으로 유용한 정보를 공유할 수 있다.

5. 동종 또는 이종 간의 업무협조로 시너지 효과를 낼 수 있다.

스터디 모임 운영은
이렇게

1. 활동적인 모임을 유지하려면 회장, 총무 등 운영진에서 모범을 보여야 한다.

2. 운영진의 역할 분담이 필요하다.

   회장 : 모임 주제, 강사 섭외, 정책 설정 등

   총무 : 장소 섭외, 연락, 커뮤니티 관리

3. 모임 내에 재능을 기부할 수 있는 사람들을 활용, 창업에 필요한 지식들을 공유한다.

4. 회원들의 이탈을 방지하고 결속력을 다지려면 요일과 장소를 정해놓고 매주 운영한다.

모임 지원 활용

40세 이상 시니어 모임의 경우 소상공인진흥원에서 지원하는 아래의 사업을 활용할 수 있다.

[커뮤니티 지원사업]

시니어넷(www.senior.kr)에서 운영하는 커뮤니티(모임, 행사)의 운영 비용을 지원해주는 사업이다. 커뮤니티 당 연 100만 원을 지원해준다.

-지원금 지급 규정 : 5인 이상~10인까지 참여 모임은 1인당 1만 원 지원 (최대 10만 원). 10인을 넘을 경우 1인당 5천 원 지원(예: 15인 모임 시 최대 12만 5천 원까지 지원).

- 지원 항목

자료구입, 문구류 및 소모품 구입, 장소 임차료, 간식비, 식대 일부, 세미나 강사비 20만 원 지원 (참가자 10인 이상)

- 지원 절차

시니어넷 그룹 개설. 모임 신청서 제출과 시니어넷에 행사 공지. 모임 개최. 결과 보고, 모임 후기 작성과 출석명단, 증빙 영수증 제출. 검토 후 모임 비용 지원(그룹 운영자 통장에 입금).

[시니어 창업 커뮤니티 및 소규모 창업스쿨]

커뮤니티를 통한 성공 창업을 위해 창업 커뮤니티를 발굴하여 집중 지원하고, 이를 통해 창업자 육성과 우수 사례를 보급하기 위한 사업이다.

시니어 창업 커뮤니티

1. 지원 대상 및 신청 자격

가. 지원 대상 : 만 40세 이상의 전문 경력자.

나. 신청 자격 : 시니어넷(또는 시니어 비즈플라자)에 커뮤니티를 개설·등록하여 운영하고 있는 커뮤니티(구성원 : 창업 준비자 또는 창업 1년 미만 초기자).

다. 제출 서류 : 신청서, 창업 계획서, 기타 증빙자료(선택사항).

2. 지원 내용 및 규모

가. 지원 내용 : 창업 커뮤니티 육성 및 지원에 필요하다고 생각하는 소요예산.

나. 지원 규모 : 1개 커뮤니티 당 150만 원 이내.

    * 그 외 추가로 소요되는 비용은 커뮤니티 회원 부담.

다. 세부 지원 내용 : 콘텐츠 및 시제품 제작, 대회·교육·세미나 참가 비용, 멘토링·컨설팅 비용, 현장실습 및 체험, 시장조사 및 판로개척 비용 등.

소규모 창업스쿨

1. 지원 대상 및 신청 자격

가. 지원 대상 : 만 40세 이상의 전문 경력자.

나. 신청 자격 : 시니어넷(또는 시니어 비즈플라자)에 커뮤니티를 개설·등록하여 운영하고 있는 커뮤니티.

다. 제출 서류 : 신청서, 창업 계획서, 기타 증빙자료(선택사항).

2. 지원 내용 및 규모

가. 지원 내용 : 창업교육 운영에 필요한 강사료 등 소요예산.

나. 지원 규모 : 1개 과정 당 최대 270만 원.

다. 세부 지원 내용 : 강사료.

사업비 집행 절차(공통)

예산범주 내 사업비 집행→중간보고서 제출(예산 및 증빙내역 포함)→지출내역 승인 →사업비 지급→완료 보고서 제출(예산 및 증빙내역 포함)→지출내역 승인→ 사업비 지급

※ 출처 : 소상공인진흥원 시니어 창업 커뮤니티 및 소규모 창업스쿨 운영안내 및 관련 서식

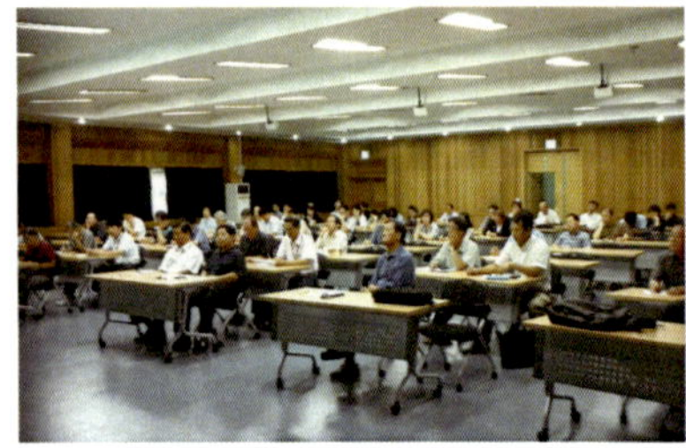

[창의그룹 정기모임]

2012년 2월, 30여 명으로 시작된 스터디 모임이 100명에 가까운 거대 모임으로 발전했다. 10여 명의 열성회원이 만들어낸 작은 기적이었다. 창의그룹의 기적은 계속된다.

창업 관련 지식, 정보, 노하우를 공유하는 곳.

☞ www.cafe.naver.com/sbachangup
(네이버카페 검색어 : 창의그룹)

[서식 2] 소규모 창업스쿨 지원 신청서

	접수번호 : ○○번

소규모 창업스쿨 지원 신청서

커뮤니티 명	장년창업센터 입주자 모임	홈페이지	http://comm.sba.seoul.kr/senior4060
커뮤니티 개설일	2011년 7월 25일	커뮤니티회원	총 160명('12.2월 말 기준)
커뮤니티 분야	전문 서비스	주요활동	창업지원
교육업종	경영, 창업지원 컨설팅	교육명	창업전략 심화 과정
신청자명	▨▨▨	참여회원	13명
이메일	▨▨▨	연락처	신청자 ▨▨▨ / 대표회원 ▨▨▨
주 소	서울 강남구 봉은사로 114길 43		
교육기간	2012년 05월 11일 ~ 06월 01일		
사업비(원)	2,700,000 원		

위와 같이 '소규모 창업스쿨 지원사업'에 참여하고자 신청서를 제출합니다.

2012년 5 월 3 일

신청자(커뮤니티 장)명 : ▨▨▨　(서명)

시니어 비즈플라자 센터 장 귀하

[붙임] 교육 계획서 1부.

「소규모 창업스쿨」 교육 계획서

1. 교육개요

☐ 추진 목적

    ○ 서울시 장년 창업보육센터에 입주하여 창업을 준비하고 있는 예비 창업자를 대상으로 창업 과정에서 발생되는 시행착오 및 실패를 방지하기 위한 총괄적인 사업 전략과 창업 마케팅을 교육하여 성공적인 창업 활동을 지원함.

    ○ 창업 강의에서 One-Stop 창업 지도까지 병행 지원하고, 사업 기획에서 마케팅 전략 기획까지 실행 위주의 강의를 진행하며, 실무 형 창업 One-Stop 지원 강의를 통하여

    1) 정부의 창업 아이템 제품개발 지원 사업 신청 준비 역량을 함양.

    2) 창업 사업계획의 수립 및 작성 역량 함양.

    3) 창업 아이템의 온오프라인 마케팅 전략 역량 함양을 목표로 창업스쿨을 운영하고자 함.

☐ 추진 목표

    ○ 창업 실패를 예방하는 사업전략 기획 및 수립과 온라인/오프라인 마케팅 전략을 학습함으로써 창업 준비 및 초기 실행단계에서의 (예비) 창업자의 시행착오 예방과 방지를 추구함.

목　표	세부 목표 (※작성예시)	측정 방법 (※작성 예시)
지원사업 선정률	- 선정 건수 3건 이상	선정 여부 확인
교육생 수료율	- 수료율 80% 이상	평균 수료율
교육생 만족도	- 만족도 80점 이상	평균 만족도

2. 교육 커리큘럼

일 자	교 과 목 명	세 부 내 용	시 간	강 사
05.11 (금)	창업사업 계획 작성실무	-.지원사업 준비를 위한 창업사업 계획 작성기법 및 작성실무 교육 -.과제명 정의, 신청자 역량, 기술성, 시장성, 경쟁성 수익성 내용 정리	4H	
05.18 (금)	창업 준비활동 성공 전략 I	-.창업 준비 및 실행을 위한 역량 강화 교육	4H	
05.25 (금)	창업 준비활동 성공 전략 II	-.창업자 역량, 경영/사업 역량, 자금 조달/운영 역량, 인력운영 역량 등	4H	
06.01 (금)	마케팅 전략	-.마케팅 전략구조 이해 -.마케팅 전략 TOOL 학습 -.판촉 전략 및 실행 방안 -.마케팅 사례별 학습	4H	
계			16H	

(강의 일정은 운영 사정에 의해 변경할 수 있음)

3. 예산소요 내역

(단위:원)

항 목		세부지출내역	소요액	비율
강사	강사비	*150,000원×16시간*	2,400,000원	87.5
일반관리비★	일반관리비	*1회 지원 최대 액의(3백만 원)의 10%*	300,000원	12.5
총 계			2,700,000원	

증빙서류
1. 강사 이력서
2. 교육 참석자 명단(커뮤니티 회원 중 참석자 리스트 작성)

[증빙 1] 강사 이력서1

강 사 이 력 서

소속(기관)		구분	■ 전임　　□ 경임	직위(급)	대표이사
성　　　명					
주민등록번호				(만 　 세)	

주　　　소	직　장				
	자　택				

연　락　처	직　장	TEL :		FAX :	
	자　택	TEL :		FAX :	
	휴대폰				
	E-mail				

학력	기　간 (부터~까지)		학 교	전 공	학 위
	년 03 월 ~ 　년 02 월				
	년 03 월 ~ 　년 02 월				
	년 　월 ~ 　년 　월				

경력	기　간 (부터~까지)		소 속 기 관	직위(급)	담당업무
	년 01 월 ~ 　년 09 월			선임	
	년 10 월 ~ 　년 02 월			기술부장	
	년 03 월 ~ 　년 12 월			사업부장	
	년 01 월 ~ 　년 12 월			사업본부장	
	년 01 월 ~ 　현　　재			대표이사	

※ 최근 2년간 주요 강의 실적 (소상공인 관련 강의 실적 중심)

교육과정명	교육대상	교육일자	교육인원	담당과목	강의시간	비고
소상공인창업아카데미	(예비)창업자		300	창업자의 자세와 리더십	03H	2회
서울시창업특별교육과정	(예비)창업자		40	아이템 선정, 창업자금, 창업 시뮬레이션	09H	3회
경기도 G-창업스쿨	(예비)창업자		100	창업자금 준비전략	12H	3회
서울시 하이서울 창업스쿨	(예비)창업자		40	아이템 기획서, 사업 계획서 작성	18H	6회
여성창업전문과정	(예비)창업자		30	창업 아이템 분석, 사업 계획서 작성	06H	2회
중기청 시니어창업스쿨	(예비)창업자		30	창업 사업계획 작성검토	04H	1회
계			명			

[증빙 1] 강사 이력서 2

강 사 이 력 서

소속(기관)			구분	■ 전임　□ 겸임	직위(급)	대표이사

성　명					
주민등록번호				(만 　세)	

주　　소	직　장	
	자　택	

연　락　처	직　장	TEL :　　　　　　　　　　　FAX :
	자　택	TEL :　　　　　　　　　　　FAX :
	휴대폰	
	E-mail	

학력	기　간 (부터~까지)		학 교	전 공	학 위
	년 03 월 ~ 　년 02 월				
	년 09 월 ~ 　년 08 월				
	년　월 ~ 　년　월				

경력	기　간 (부터~까지)		소 속 기 관	직위(급)	담당업무
	년 09 월 ~ 　년 03 월				강의
	년 03 월 ~ 　년 02 월				기획실
	년 04 월 ~ 　년 12 월				프로모션사업부
	년 02 월 ~ 　년 03 월				컨설팅
	년　월 ~ 　년　월				

※ 최근 2년간 주요 강의 실적 (소상공인 관련 강의 실적 중심)

교육과정명	교육대상	교육일자	교육인원	담당과목	강의시간	비고
한국산업기술대학교 창업 강좌	(예비)창업자		60	창업 마케팅 전략	06H	2회
하이서울창업스쿨 강의 (벤처 주간/야간반)	(예비)창업자		240	창업 마케팅 전략	24H	6회
예비 청년창업자 창업역량 강화교육	(예비)창업자		40	창업 마케팅 전략	04H	1회
차세대 여성CEO 육성과정	(예비)창업자		30	창업 마케팅 전략	04H	2회
예비 기술창업자 -맞춤형 창업교육	(예비)창업자		40	창업 마케팅 전략	04H	1회
계			명			

교 육 참 석 자 명 단

no	이 름	생년월(나이)	주요 경력 (전/현 직장명 또는 분야)	관심 분야 (창업, 취업)	소속 커뮤니티
1			지식 서비스	창업	입주자 모임
2			신발 생산회사	창업	입주자 모임
3			제조	창업	입주자 모임
4			국군부대 전산실	창업	입주자 모임
5			제약	창업	입주자 모임
6			사회적 기업	창업	입주자 모임
7			세계웃음행복 연구소	창업	입주자 모임
8			음악, 한복 제조	창업	입주자 모임
9			환경	창업	입주자 모임
10			화장품 제조	창업	입주자 모임
11			육군, 학습/소통	창업	입주자 모임
12					
13					
14					
15					
16					
17					

우리들의 창업 이야기 VII

사명, 창업, 비전으로의 거듭남

예복만교육문화연구소 대표 **이 재 권**

부러움 사던 직장에서 나오다

한창 일할 나이인 30대 때 나는 대기업 계열사에서 운영하다 호남의 중견그룹으로 넘겨진 다이너스티골프장(현 티클라우드 C.C)에서 골프예약 및 회원관리를 하는 고객관리 팀을 맡고 있었다. 회원들과의 원활한 커뮤니케이션을 한다는 명목으로 나는 거의 매일 골프를 쳤고, 저녁엔 회식이나 접대 받는 일로 좋은 곳에서 값비싼 음식과 술을 먹을 수 있어서 하루하루가 마냥 신났다. 일반 회사를 다니는 친구들이나 주변사람들에게 '꿈같은 직장'이라는 소릴 자주 듣곤 했었다. 회사 생활도 재미있었다. 그러다 2007년 초 신앙을 갖게 되면서 진정한 행복과 인생에 대한 가치관에 혼돈이 생기기 시작했고, 마침 회원권과 관련된 법적인 문제가 생기면서 일에 대한 회의감, 미래에 대한 고민 등으로 머리가 복잡해졌다.

그 무렵 업무 매뉴얼 작업 때문에 배우게 된 마인드맵이 지식과 교육에 대한 많은 생각을 갖게 만들었고, 결국 나는 더 늦기 전에 새로운 세계로 가는 길을 선택하기로 했다. 10년 동안 청춘을 바쳐 일했던 곳이었기 때문에 고민이 많고 힘든 결정이었다. 그러나 당시에는 '지금이 아니면 힘들어지게 된 회사 생활을 계속할 수밖에 없을 것'이라는 생각이 자꾸 떠올랐고, 스트레스 때문인지 건강도 나빠졌다. 결국 부모님과 아내의 반대를 무릅쓰고 2008년 4월 주변사람들로부터 부러움을 사던 정든 회사를 나왔다.

강사로서의 인생 제2막을 열다

마인드맵은 대학시절 처음 접했지만 너무 어려워서 '기억을 효과적으로 할 수 있게 해주고 생각을 정리해주는 도구'정도로만 이해하고 있었다. 회사를 다니던 2007년 여름, 업무 매뉴얼 작업이 필요해 좀 더 효과적인 방법을 찾다가, 마인드맵을 이용하면 좋을 것 같다는 생각이 들어 인터넷 검색으로 마인드맵 강의하는 곳을 찾아 입문 강좌를 들었다. 처음에는 그냥 '신선하다' 정도였는데, 하면 할수록 놀라웠다. 특히 기억과 생각을 정리하는 데 있어서 탁월했다. 학창시절 공부할 때 활용했으면 좋았을 거라는 생각이 많이 들면서, 강사님의 마인드맵을 활용한 학습지도 사업에 관심을 갖게 됐다. 그 후 마인드맵에 대한 관심이 더해져 '마인드맵 강사 과정'을 수료하면서 마인드맵을 활용한 교육사업의 비전을 구체적으로 고민했고, 마침내 동업을 해보자는 강사님의 제안을 받아들였다.

우선 강사님의 인맥을 통해 국내에서 주부들이 가장 많이 모인다는 커뮤니티에 강좌를 개설했다. 처음에는 강사님의 보조 역할부터 시작했다. 새로운 일이기 때문이기도 했지만, 지식을 남에게 전달하는 것은 고사하고 지식을 쌓는 일조차도 담 쌓은 지 오래여서 하는 일마다 부족하기 짝이 없었다. 그래도 새로운 길을 선택한 이상 교육사업에서 성공을 해야겠기에 밤잠을 줄여가며 배우고 익히는 데 많은 시간을 투자했다. 어느 정도 보조 경험을 쌓은 뒤 강사로 데뷔하기 위해 틈틈이 강의 연습을 했다.

한때 체육 선생님이 되려고 사범대학을 다니고 교생실습도 했지만, 이후 유사한 경험이나 관심이 전혀 없는 상태에서 남을 가르친다는 게 영 낯설고 어려웠다. 심지어 처음 몇 번의 연습에서는 너무 떨리고 자신이 없어서 우황청심환을 먹기도 했다. 몇 차례의 훈련과정을 거친 후 강사님이 운영하는 커뮤니티 카페를 통해 '마인드맵 입문 과정'을 개설하고 드디어 강사로서 인생 제2막을 시작했다.

기회는 경험을, 경험은 또 다른 기회를 낳는다

준비하는 과정에서부터 두렵고 떨리던 강의가 횟수가 거듭될수록 자신감이 생기고 재미 있어졌다. 마치 나에게 강의하는 달란트가 있었나 싶을 정도로 잘 적응할 수 있었다. 그런데 문제가 생겼다. 학생들의 효율적인 학습을 위해 마인드맵 교육과정을 연구, 개발, 적용하면서 수 차례 강좌를 운영했지만 반응이 시원찮았다. 마인드맵 하나만으로는 뭔가 부족한 게 많은 것 같다는 생각이 들었다. 그래서 당시 교육업계에서 유행하기 시작한 '자기주도학습'에 대해 관심을 갖기 시작했다.

마침 '자기주도학습'을 교육하는 소규모 학습관에서 강사교육과 함께 교육수료 후 학생들을 지도할 사람을 모집하고 있었다. 교육도 공짜로 받고 돈도 받으면서 자기주도학습 지도경험을 쌓을 수 있겠다 싶어서 지원했는데 같이 일을 할 수 있게 됐다. 학습관을 운영하는 소장님은 자기주도학습 분야에 꽤 오랜 경험을 가지고 있었다. 소장님을 통해 교육사업을 시작하면서 생긴 갈증의 상당 부분이 해소되었다. 또 마인드맵 강의 경험은 학습관에 도움이 됐다. 이후 자기주도학습 지도사 강사를 양성하는 과정의 마인드맵 강의를 맡게 됐고, 학생 지도도 병행했다.

그러나 이 일도 오래가지 못했다. 학습관의 자금이 부족하다 보니 홍보와 마케팅이 잘되지 못했고, 해묵은 교재와 시스템은 학부모와 학생들에게 외면당하기에 충분했다. 학습관에 소속된 강사들이 하나 둘씩 빠져나가고, 야심 차게 준비한 '입학사정관제' 관련 프로젝트도 성과를 내지 못하자 모두 뿔뿔이 흩어졌다.

학습관에서 나와 그곳에서 배운 자기주도학습 교육방식과 마인드맵 교육과정을 조합해 예전의 마인드맵 강사님과 다시 활동했다. 인터넷 화상 채팅 프로그램과 실시간 협업이 가능한 마인드맵 프로그램을 활용해 인터넷 화상 교육을 새롭게 시도했다. 인터넷상에서 진행되는 수업이라 강원도와 부산 학생들도 수강신청을 하는 등, 당초 기획한 의도와 잘 맞아떨어졌다. 학습관에서의 실패 경험을 토대로 직접 만나서 가르치는 경우 제한적이었던 학생 모집을 전국 대상으로 확대할 수 있었으며, 홍보와 마케팅도 효율적으로 할 수 있었다. 게다가 IT 환경을 적절히 활용하니 적은 비용으로도 최첨단의 실시간 화상 교육이 가능했다.

처음에는 종전과 다른 신선한 학습방법으로 학부모와 학생들의 관심을 끄는 데 성공했지만, 고르지 못한 접속 환경과 컴퓨터 사양에 따른 문제, 학생들을 직접 컨트롤할 수 없는 데서 발생하는 여러 가지 문제로 인해 또다시 실패를 맞봐야 했다. 이후 간헐적으로 들어오는 마인드맵 강의와 자기주도학습 강의가 있었지만, 사업으로 진전시키기에는 충분치 않았다. 동업하던 강사님이 기업을 대상으로 한 마인드맵 교육을 제안했다. 하지만 지금까지 했던 것도 제대로 못 한 상태에서 새로운 일을 벌이는 것도 그렇고, 기업교육 담당자를 만나 영업할 생각을 하니까 엄두가 나질 않았다. 일의 진척이 더뎌 피로감이 누적되고 서로의 관계가 약간 소원해져 있을 무렵, 학습관에서 알게 된 사장님 소개로 학생들의 진로와 진학에 관련된 내용을 다루는 '라이프디자이너' 교육과정을 밟게 되었다. 대기업의 교육재단이 자금을 지원하고 대학과 교육 연구소에서 기획한 교육과정이라서 그런지 강사진이나 교육 내용의 수준이 달랐다. 나중에 안 사실이지만, 나름대로 뭔가 있어 보이게 포장한 이유는 목표 고객이 사교육 1번지라고 불리는 강남 대치동 학부모였기 때문이었다. 수료 후 라이프디자이너로 활동을 하지는 않았지만, 학부모들의 마음을 사로잡을 수 있는 정보를 얻는 좋은 기회가 됐다.

위기에서 얻게 된 홀로 설 수 있는 용기

교육사업을 하기로 결심한 지 4년 차가 된 2011년 봄, 직장 생활을 하면서 모아둔 돈은 이미 바닥난 지 오래고, 2천 만 원짜리 마이너스 통장도 얼마 남지 않게 됐다. 위기의식 때문이기도 했지만, 이젠 그동안의 경험과 지식을 가지고 홀로 설 때가 됐다고 생각했다. 혼자 최소의 비용으로 시작하기에는 방문과외 형식이 좋을 것 같았다. 살던 곳이 아파트 밀집 지역이라서 방문지도 할 때 이동시간을 줄일 수 있고, 광고도 효율적으로 할 수 있을 것으로 판단했다.

그동안 해왔던 자기주도학습과 마인드맵을 핵심으로 하여 교육과정을 정비하고 수강생 모집 광고를 냈다. 눈에 잘 띄고 기억하기 쉽도록 당시 이슈가 됐던 '통큰치킨'의 '통큰'을 빌려 '통큰과외'로 광고 문안을 만들었다. 그리고 시에서 무료로 제공하는 지정 벽보판과 월 3, 4만 원 하는 아파트 게시판에 광고를 했다. 과외비도 저렴한 데다 두 달까지 30% 할인 이벤트까지 했더니 반응이 뜨거웠다. 시작한 지 얼마 되지 않아 관리하는 학생수가 30명이 훌쩍 넘어섰다.

처음에는 계획한 대로 잘 진행되는 것처럼 보였다. 그러나 이번에는 무리한 계획이 문제였다. 사람은 기계가 아니었다. 수학에서처럼 시간을 더하고 빼는 건 딱 맞게 할 수 있었지만, 시간이 흐를수록 점점 지쳐갔다.

다른 방도를 찾아보려던 차에 팔려고 내놨던 집을 살 사람이 나타났다. 또다시 고민이 시작됐다. 문제가 있긴 하지만 어느 정도 자리 잡은 방문 과외 일을 보완해서 계속할 것인가, 서울로 가서 새롭게 일을 시작할 것 인가? 서울을 떠나 수도권에 산 지 너무 오래됐는데 잘 적응할 수 있을 까? 이런저런 고민들 속에서 내린 결정은 '멀리 보고 기회와 꿈을 찾아가 는 것'이었다. 당장 먹고 사는 문제만 놓고 보면 방문과외 일을 좀 보완 해서 하는 게 맞다. 하지만 교육문화를 개선해서 보다 행복한 사회를 만 들겠다는 나의 꿈을 이루기 위해서는 좀 더 멀리 봐야 할 필요가 있다고 생각했다. 짧은 기간이었지만 방문과외를 하면서 겪고 느꼈던 경험들은 꿈을 이루는 길의 방향을 제시해주는 소중한 경험이었다. 무엇 때문에 학생과 학부모들이 사교육 부담에 시달리는지, 어떻게 해야 그 문제를 해 결할 수 있는지에 대한 힌트를 얻었다.

창업과 정보 사이

서울로 올라온 후 그동안의 경험과 지식을 사업 아이템으로 정리하고 구체화하는 작업을 해나갔다. IT 산업 발달과 사회변화, 그에 따라 예상 되는 교육환경 변화를 고려해서 '자기주도학습을 할 수 있는 어플리케이 션 개발'을 계획하고, 본격적인 사업화를 위해 서울산업통상진흥원에서 주관하는 하이서울창업스쿨의 스마트앱 과정을 신청했다. 창업에 대한 기본적인 지식과 스마트폰 어플리케이션 개발에 대한 전반적인 내용을 다루는 교육과정이었다. 교육 받는 내내 교육과 정보에 대한 중요성을 다시 한 번 실감했다.

스마트앱 과정을 듣는 수강생을 분류해보면 3가지 유형이 있었다. 즉 나처럼 아이디어만 가지고 신청한 유형, 기획/개발자, 디자인 전공자였다. 나 같은 일반인들은 그렇다 치고, 스마트 어플리케이션과 직접적인 관련이 있는 기술자들조차도 어플리케이션 시장에 대한 정보가 없어서 개발하고 출시만 하면 돈을 벌 수 있다는 환상을 갖고 있었다. 그러나 현실은 참담했다. 어플리케이션을 출시하더라도 상위 순위가 아니고서는 사용자들이 있는지조차 모르고, 상위 순위가 되더라도 순위에서 밀려나는 건 시간문제였다. 특히 국내시장 점유율이 높은 안드로이드의 경우 유료 판매로 수익을 올리는 건 사실상 불가능하다. 만일 이런 교육이나 정보 없이 사업을 진행했다면 그 결과가 불 보듯 뻔했을 것 같다.

'창업지원 자금' 그 기회의 문에 서다

또 한 가지 새롭게 알게 된 중요한 사실은 정부에서 창업과 사업을 지원해주는 자금들이 매우 다양하고 많다는 것이었다. 교육을 받기 전에는 자금이 필요하면 그저 빌린다는 생각만 했었다. 그러나 싼 이자로 빌릴 수도 있고 지원받은 금액을 상환하지 않아도 되는 제도가 있다는 것을 알게 되었다. 사무 공간을 지원해주는 시설도 있었다. 난 올 초에 40세 이상의 창업자들이 입주할 수 있는 장년 창업센터에 지원했다. 집에서 가깝고 무료로 모든 시설을 이용할 수 있다는 점이 좋았다. 센터에서는 창업에 필요한 각종 교육과 코칭(coaching)도 지원해준다. 올 2월에 진행한 창업자금 준비전략 강의는 창업자금을 마련하는 데 중요한 계기가 됐다. 사실 하이서울창업스쿨 스마트앱 과정에서도 같은 내용을 다뤘고 알고는 있었지만, 그런 건 특별한 사람들이나 받는 것으로 생각했었다. 사업 하라고 몇 천만 원씩 그냥 준다는 게 별로 와 닿지 않아서였던 것 같다.

머칠 후 센터의 선배 기수 대표님이 사업 계획서를 좀 더 구체적으로 쓰는 요령에 대해 강의해주셨는데, 강의 때 들은 걸 참조해서 사업 계획서를 쓰기 시작했다. 한 마디로 쉽지 않았다. 사업 계획서를 제대로 써 본 경험이 없어서도 그랬지만, 비어 있는 양식에 뭘 어떻게 써야 하는지 도대체 감이 잡히질 않았다. 그러던 중 센터에서 오다가다 뵌 연세 있으신 대표님들과 말씀을 나누게 되었는데, 그러다 보니 스터디 활동이 필요하다는 생각이 들었다. 대표님들의 경력이나 아이템들은 너무 괜찮은데 '젊은 나도 쓰기 어려운 사업 계획서를 그분들은 엄두도 못 내시겠구나.' 하는 생각이 들었다. 또 여럿이 모여 활동하면 각자의 역할과 책임이 생기게 되어 자칫 나태해질 수 있는 자신을 관리해주는 도구가 될 수 있을 것 같았다. 일단 '정부 지원자금 지원 신청서 작성을 위한 스터디 모임'이라는 제목으로 공지를 냈고, 첫 모임에 30여 분이나 되는 대표들이 모였다. 모두들 나와 비슷한 고민을 갖고 있었다. 첫 모임 후 매주 한 번씩 모여서 전년도 정부 자금 지원사업의 사업 계획서 양식에 각자 자신의 아이템을 적용시켜보는 것부터 시작해서, 서로에게 아이템을 발표해보고 수정이 필요한 부분에 대해 제안하고 보완하는 시간들을 가졌다.

기회의 열쇠

모임 횟수가 거듭될수록 사업이 구체화돼 가는 걸 느낄 수 있었다. 하지만 뭔가 부족했다. 정부 지원사업의 사업 계획서를 써본 경험이 없는 사람들끼리 준비하다 보니 제대로 하고 있는 건지 의구심이 들었다. 그러던 차에 한 통의 전화가 걸려왔다. 장년창업센터 선배 기수인데 전년도 예비 기술창업자 육성사업에 선정돼 사업을 수행한 경험이 있는데 도움이 될 게 있을까 해서 연락을 줬다고 했다. 모임을 진행하다 보니 간혹 자기 사업의 영업을 위한 목적으로 접근해 스터디 분위기를 흐리는 사람들이 있어서 사실 여부 확인 차 모임에 초청했다. 대표님은 예비 기술창업자 육성사업에 선정될 때 제출한 사업 계획서를 준비해 왔다. 사업 계획서 전문과 함께 사업 아이템에 대한 설명을 듣고 '바로 이거다!' 하고 속으로 환호성을 질렀다. 나뿐만 아니라 참여한 모든 대표님들의 얼굴에 생기가 돌았다. 대표님의 발표가 끝나기 무섭게 그간 가슴속에 담아둔 궁금증들을 질문으로 토해내기 시작했다.

하지만 기쁨도 잠시, 나만 그랬는지 모르지만 마음 한쪽 구석이 무거워졌다. 그 대표님의 경우 사업 계획서를 잘 쓰기도 했지만 워낙 기술력이 뛰어난 아이템이었기 때문에 선정될 만했다. 반면 내 아이템의 경우에는 하이서울창업스쿨 때부터 코치님들에게 비관적인 평가를 받았었다. 우선 이해하기 어렵고 차별성이나 경쟁력이 없어 사업성이 떨어진다는 의견이었다. 그래도 문제점들을 수정, 보완할 수 있는 시간적인 기회가 있어 다행이라고 생각하고, 그날 이후 사업 아이템에 대한 구체화와 차별성, 경쟁력을 부각시키기 위한 작업들을 해나갔다. 예비 기술창업자 육성사업 공고를 기다리면서 지원 경험을 쌓을 겸 제조 기반의 아이디어 상품화 지원사업과 예비 사회적 기업 지원사업에 지원해봤다. 혹시나 하는 마음에 약간 기대했지만 결과는 역시나 탈락이었다. 준비도 미흡했고 경력이나 사업 연관성 부분에서도 좀 억지스러운 부분이 있었다. 그래도 정부 지원자금의 시스템을 이해할 수 있는 기회가 됐다.

예상치 못한 기회와 희망

기다리던 예비 기술창업자 육성사업의 공고가 발표됐다. 사업 계획서 양식이 조금 달라졌을 뿐 특별하게 바뀐 부분은 없었다. 사업 계획서의 완성도를 높이기 위해 스터디 모임을 주 1회에서 주 3회로 바꿨다. 미흡한 부분을 보완해 발표하면 서로 조언해주고 다시 수정, 보완하는 식으로 진행했다. 신청 마감일이 얼마 남지 않은 상황에서 좋은 소식이 들

려왔다. 소상공인진흥원에서 주관하는 소규모 창업스쿨 지원사업에 선
정됐다는 소식이었다. 사업신청 마감일 하루 전에 공고를 보고 부랴부
랴 정신 없이 준비한 거라 별로 기대하지 않았었는데 선정된 것이다. '이
건 하늘이 주신 천금 같은 기회다.'라는 생각이 들었다. 270만 원의 사업
비 전액 창업 관련 전문강사를 초빙해 강의를 듣고 코칭을 받을 수 있는
절호의 기회였다. 그것도 예비 기술창업자 육성사업의 신청 마감이 얼마
남지 않은 상황이라 더욱 값지게 활용할 수 있게 되었다.

　스터디 활동에 참여한 모든 대표님들이 환호했다. 실제로 강의와 코칭
을 통해 사업 계획서의 많은 부분들이 개선되고 완성도가 높아졌다. 그
런데 난 사업 계획서는 둘째 치고 아이템에 대한 개요조차도 전문 강사
님을 설득하지 못했다. 자신감이 바닥으로 떨어졌다. 실망도 잠시, 그래
도 남은 기간 동안 최선을 다하는 방법밖에는 어쩔 도리가 없다고 생각
했다. 드디어 신청 마감일. 전년도에 비해 신청자가 많았고, 특히 마감
시간에 임박해서는 주관 기관의 경쟁률이 조금이라도 낮은 곳에 신청하
려는 눈치작전이 심했다. 결국 온라인 지원 사이트가 마비되고 신청 시
간이 연장되는 등 혼선을 빚었다. 나도 그간 강사와 코치님들을 통해 아
이템에 대한 경쟁력이 낮다는 평가를 받아왔기 때문에 신청 전략이 필
요했다. 주관 기관별로 어떤 사업에 특성이 있는지 주관 기관 정보를 모
두 살펴보고, 또 신청 추이를 보면서 나의 아이템과 가장 적합한 주관
기관을 선택했다. 무사히 신청서와 사업 계획서 제출 등의 지원 절차를
마치고 서류심사 발표를 기다렸다. 준비를 많이 해서 더 그랬는지 한 주
두 주 시간이 흐를수록 하루가 천 년 같았다. 드디어 심사결과가 발표되

고 스터디 모임 대표님들의 희비가 엇갈렸다. 1차 서류심사 합격에 너무나 기뻤지만, 안 된 분들도 있는 터라 표현할 수 없었다.

2차는 발표심사였다. 사업 계획서의 내용을 5분 발표하고 5분 동안 질의응답을 받는 형식으로 진행됐다. 사업 계획서의 긴 내용을 5분으로 줄여서 얘기한다는 게 쉽지 않았다. 특히 내 아이템은 이론적 배경에 대한 이해가 필요하기 때문에 개요만을 설명하기에도 부족한 시간이었다. 어쨌든 5분에 맞춰 발표하는 것이 규정이니 어쩔 수 없었다. 준비라도 철저히 해야겠다 싶어 이것저것 뒤지다가, 그동안 페이지 수가 많아 잘 보지 않던 운영지침 후반부 쪽에서 심사기준이 나와 있는 심사 평가표를 발견했다. 심사위원들의 평가표에 있는 항목대로 요약해서 발표하면 심사위원들이 듣고 싶어 하는 내용을 전달하는 게 되고, 평가하기도 쉬우니 점수가 높게 나오겠다 싶었다. 발표심사 평가표에 맞춰 자료를 준비하고, 막바지에는 시간을 재면서 5분에 맞춰 발표하는 연습을 많이 했다.

드디어 발표심사일, 그렇게 5분에 맞춰 발표하는 걸 연습했건만, 막상 실전에서는 이해를 못 한 것처럼 보이는 심사위원들의 표정에 조금만 추가한다는 게 개요만 설명하고 끝나버렸다. 다행히 설명 못 한 부분을 질의해줘서 양해를 구하고 서둘러 마무리했다. 발표가 부족했는지 질문이 많았다. 예상 질문은 아니었지만 그래도 답변은 제대로 했다. 발표평가가 끝나고 무조건 떨어졌구나 생각했다. '얼마나 제대로 전달을 못 했으면 그렇게 여러 가지를 물었을까.' 하는 생각에서였다. 그런데 한편으로는 관심이 있어서 그런 것이지 관심도 못 끌 아이템이면 질문도 안 했을 거란 생각이 들었다. 다시 실낱 같은 희망이 생겼다.

작은 성공, 또 다른 열매들

하늘의 도움으로 예비 기술창업자 육성사업 선정자로 최종 결정됐다. 선정자 발표 공지 게시판을 열고 명단을 다운 받는 내내 온몸이 부들부들 떨리고 긴장이 가라앉지 않았다. 내 이름을 본 순간 이름 외에는 다 하얀색으로 보였다. 흥분을 가라앉히고 스터디 모임의 다른 분들을 찾아봤다. 아쉽게도 아무도 찾지 못했다. 잠시 후 축하 전화가 걸려오기 시작했는데, 1차 서류심사 통과 때보다도 더 기뻐들 했다. 괜히 미안해지기까지 했다. 다들 나보다 훌륭한 아이템인데 의외의 결과 때문에 몸 둘 바를 몰랐다. 스터디 모임 대표를 맡고 있던 데다가 혼자 선정되다 보니 유명세 아닌 유명세를 탔다. 뒤이어 나오게 될 지원사업의 사업 계획서를 검토해 달라는 부탁이 많았다. 심지어는 아예 작성을 부탁하는 분들도 있었다. 선정된 지 얼마 되지 않아 사업기간이 여유 있다고 생각됐고, 또 그동안 함께 고생했는데 선정됐다고 나 몰라라 하는 건 도리가 아니라고 생각했다. 얼마 후 창업맞춤형지원사업이 공고됐고, 계속 모임을 운영하면서 지원하는 분들의 사업 계획서 작성과 발표준비를 도왔다. 서류심사와 발표심사를 거치고 시간이 지나 최종 선정자 발표 공지가 게시판에 올라왔다. 내 이름은 없지만 너무 떨리는 순간이었다. 명단을 확인해보고 상상 이상의 결과에 모두 놀랐다. 선정 안 되신 분보다 선정 되신 분의 숫자가 더 많은, 놀랄 만한 결과를 낳았다. 그동안 쏟은 대표님들의 노력과 그들을 묶어 시너지를 내게 한 스터디 모임의 걸작이자 열매였다.

아이템을 통해 꿈꾸는 비전

예비 기술창업자 육성사업 선정으로 정부로부터 4,500만 원을 지원받고, 창업자가 부담해야 하는 600여 만 원을 합해 5,100만 원 정도의 자금을 갖고 사업을 시작하게 됐다. 사업기간이 종료되는 2월 말까지 나의 아이디어를 눈에 보이는 제품으로 만들어내야 한다.

나의 아이템은 한마디로 '공부를 효율적으로 할 수 있게 해주는 프로그램 개발'이다. 우리나라는 오래 전부터 사교육 문제 때문에 학생, 학부모, 가정, 학교, 사회, 나라, 모두가 힘들어하고 있다. 정권이 바뀔 때마다 사교육 절감 방안으로 각종 정책과 제도를 내놓고 있지만, 실효를 거두지 못한 채 혼란과 상처만 남기고 있는 실정이다. '그 문제점과 원인이 어디 있을까? 해결할 방법은 없을까?'라는 고민에서 시작해, 그동안 짧긴 했지만 학교와 학원, 가정 등 다양한 교육현장에서 직접 부딪치며 경험한 것을 토대로 문제점과 원인을 찾아낼 수 있었다.

사교육이 있기는 했지만 지금과 같이 심각한 문제로까지 불거지진 않았던 과거 학창시절을 회상해보면, 가장 효과적인 공부 방법은 학교 공부의 예습과 복습이었다. 사실 예습과 복습은 인간의 두뇌를 가장 잘 이해한 가장 과학적인 방법이다. 인간의 두뇌가 과거에 알고 있던 내용을 잘 기억하고, 시간이 지날수록 학습한 정보를 잃게 된다는 이 두 가지 사실만 보더라도 알 수 있다. 하지만 지금의 학습 현장에서는 예습과 복습이 다른 나라 이야기다. 심지어 공부를 곧잘 하는 학생도 '그게 뭐예요? 어떻게 하는 거예요?'하고 물을 정도다. 처음엔 나도 의아해 했지만 학습 현장의 구조를 보면 금방 이해할 수 있다. 학생들은 거의 대부분

교과서를 가지고 다니지 않는다. 학교마다 학급마다 개인 사물함이 설치되어 있어 그곳에 놔두고 다닌다. 학생들이 무거운 책가방을 가지고 다니는 게 안쓰러워 놔두고 오라는 학부모, 학생들이 어쩌다 교과서를 빠뜨리고 오면 수업에 차질이 생길까 봐 놔두고 다니라는 선생님 덕분에 잠깐의 수업시간을 빼고 교과서는 항상 사물함에 처박혀 있다. 안 그래도 귀찮은데 가지고 다니라고 잔소리하는 사람이 없으니 학생들은 당연한 듯 놔두고 다닌다. 학교에서는 교과서로 수업을 하는데, 집에 오면 교과서가 없으니 예습, 복습을 하고 싶어도 할 수가 없다. 교과서를 그대로 수록한 전과가 있기는 하지만, 이해를 돕기 위한 설명이나 자료가 너무 많아 공부 의욕을 떨어뜨린다.

예습, 복습할 여건도 안 되고 공부 흥미도 떨어진 자녀들을 보는 엄마들은 공부 잘하는 다른 집 아이들이 뭘 하는지, 어느 학원에 다니는지에 더 관심이 많다. 내 아이와 공부 잘하는 아이를 열심히 비교해보며 불안감을 증폭시킨 뒤, 남들에게 뒤질세라 학원에 보낸다. 노는 꼴 안 보니 덜 걱정되고, '학원 가서 열심히 하겠지.' 라는 생각에 마음은 편하다. 하지만 비싼 학원비에 맞벌이는 필수처럼 여겨지고 노후대책은 관심 밖이다. 이러한 가정의 문제가 사회로, 또 국가로까지 영향을 미치게 되기 때문에 사교육에 대한 대책은 대선공약의 단골 메뉴가 됐다. 정권이 바뀌면 입시제도나 교육정책들이 바뀐다. 그러한 제도나 정책들은 중, 고등학교나 대입을 대상으로 하는 경우가 대부분이다. 그러나 사람이나 문화는 그렇게 쉽사리 바뀌지 않는다. 그래서 매번 바뀌는 제도와 정책은 더 큰 혼란만 가중시키다가 교육 수요자인 학생과 학부모들에게 외면당하고 실패라는 낙인을 되풀이한다.

내 아이템은 사람과 문화를 변화시키는 게 목표다. 대학생은 고등학생에서, 고등학생은 중학생에서, 중학생은 초등학생에서부터 성장해 올라간다. 본격적인 학습이 시작되는 초등학생 때부터 올바른 학습 습관이 형성될 수 있도록 도와줘야 한다. 중학생 이상이 되면 인간의 발달 단계에 따라 가치관이 형성되고, 좋든 나쁘든 해오던 습관이 몸에 배어버려 바로잡기가 매우 어렵기 때문이다. 초등학교 저학년 때부터 예습, 복습이 몸에 배도록 해준다면, 꼭 사교육을 받지 않더라도 자신이 원하는 중, 고등학교, 대학교까지 진학할 수 있는 것은 물론, 평생교육이 필수인 21세기를 살아가는 데 있어서도 중요한 자산이 될 수 있다. 이런 학생들이 점차 늘어가면서 바람직한 교육문화가 만들어지고, 그 토대 위에 알맞은 제도와 정책이 시행되는 것, 그로 인해 '사교육으로 인한 고통 없이 보다 나은 개인, 가정, 사회, 국가로 발전해 나가는 것.' 이것이 나의 비전이다.

비전을 키워가고 있는 곳
블로그 주소 : http://blog.naver.com/yebokman
홈페이지 : www.studybang.com

창업자금 지원사업을 준비하시는 분들께

기회의 문은 두드려야 열린다. 처음엔 나도 정부에서 공짜로 주는 창업자금은 받는 사람들이 따로 있는 줄 알았다. 기술이 출중하다 든지 학벌이나 인맥이 있어야 하는 걸로 생각했다. 그런데 막상 부딪쳐보니 기회는 두드리는 자의 것이었다. 스터디를 운영하면서도 자신들의 단점만을 생각하며 도전조차 하지 않는 분들을 많이 봤다. 그런 분들에겐 기회조차 오지 않는다. 최근에 아는 분이 "운이라는 것은 노력이 기회를 만날 때 생기는 것"이라고 말한 적이 있는데, 나는 그 말에 공감한다. 노력하고 도전하다 보면 기회가 찾아오고 그게 운과 연결된다. 한두 번 도전해서 안 됐다고 포기하지 말고 될 때까지 계속 두드려보라. 자신의 단점이나 약점보다 장점과 강점을 찾아내어 아이템과 잘 연결 짓는 노력을 한다면 좋은 사업 계획서가 나올 수 있다.

나이는 숫자에 불과하다? 정말 그렇다!. 스터디 모임을 만들게 된 계기가 된 건 연세 지긋하신 대표님의 열정적인 모습 때문이었다. 70이 다 되신 연세에 컴퓨터도 다룰 줄 모르시지만, 노력과 패기만큼은 젊은 사람 부럽지 않다. 결국 지자체에서 지원하는 사업에 선정되고, 최근엔 '1인 창조기업 지식사업화 지원사업'에도 선정되셨다. 난 바쁘기도 했지만 '1인 창조기업 지식사업화 지원사업'은 지원자가 많이 몰릴 것 같아 지원하지 않았는데, 그 대표님을 보고 속으로 많이 부끄러웠다. '나이는 숫자에 불과하다'라는 말이 맞다. 대표님처럼 '이가 없으면 잇몸으로' 하면 된다. 부족한 부분이 있으면 주변에 있는 분들에게 도움을 청해보라. 생각보다 주위에 선한 이웃이 많다는 사실을 알게 된다.

실패를 경험하고 기뻐하라

코네테 대표 **이 용**

경험이 재산이다

젊은 시절 유럽과 동남아 등으로 원단을 수출하는 회사에서 재단사 일을 했고 무역 관련 일도 배웠다. 그 후 20년간의 경험을 바탕으로 가죽원단을 유통하는 가죽 모피사업을 했다. 큰돈을 벌진 못했지만 남부럽지 않은 생활을 하며 살 수 있었다. 그러다 나의 경험과 노하우를 인정한 가죽원단 무역회사에서 괜찮은 스카우트 제의가 들어왔고, 결국 생산부 부장으로 일했다. 오랜 경험으로 가죽원단 유통구조를 훤하게 알고 있었던 데다 사람 다루는 기술이 좋았던 나는 질 좋은 제품을 저렴하게 구매하여 많은 이윤을 남길 수 있었다. 워낙 단위가 크다 보니 내 기술은 더욱 빛을 발했다. 회사에서 연봉 외에 특별히 인정해주는 부분까지 있어서 당시 꽤나 많은 돈을 벌 수 있었다. 지금도 '계속 그 일을 했어야 했는데' 하는 생각이 들 정도로 좋았지만, 몇 가지 사정이 생겨 그만둬야 했다.

새로운 도전

회사에 다니면서 생각해낸 아이디어와 경험들을 바탕으로 가죽 매트를 제작해 팔기로 하고 2002년부터 본격적인 사업을 시작했다. 제품을 개발하고 제작하는 것은 문제가 되지 않았는데, 판로와 유통이 쉽지 않았다. 천연가죽을 사용해 제작하다 보니 단가가 비싸서 고객층이 제한적이었다. 그러던 중 2004년 어느 날, 길을 가다가 쑥 뜯고 있는 아주머니에게 우연히 들은 얘기가 계기가 되어 지금의 사업을 하게 되었다. 그 아주머니가 쑥을 뜯는 이유는 뇌수술 후 두통 때문에 한의원에 갔더니 한의사가 약쑥을 베개 속에 넣고 자라는 처방을 해주었는데, 그 말대로 약쑥을 넣고 잔 뒤부터 얼마 후 두통이 사라졌기 때문이라고 했다. 그 말을 듣고 『동의보감』의 자료와 아는 한의사의 자문을 통해 약쑥이 항암, 항균, 신진대사 원활, 탈취 등 여러 가지 효능이 있다는 것을 알게 되었다. 그래서 매일 쓰는 침구류에 적용해 보다 많은 사람이 쓸 수 있도록 하면 좋겠다는 생각이 들었다.

작은 성공과 풀어야 할 과제

시장조사를 하려고 기존 제품들을 살펴보니 쑥이 제품 안에 있어 확인하기 어려웠고 향도 많이 나지 않았다. 그 후 약 7년간 베개, 방석, 매트 제품을 개발하는 데 있어서 약쑥이 제품의 바깥쪽에 보이도록 하되, 약쑥가루가 밖으로 새어 나오지 않도록 하는 연구와 시제품을 제작, 수작업으로 완제품을 만드는 데까지 성공했다. 그동안의 특허 등록과 출원, 실용신안, 디자인 등록 등 사업에 필요한 지식 재산권만 11개이다.

홍보와 판매를 위해 2011년 홈페이지를 제작하고 시제품 150개를 만들어 텔레마케팅으로 판매했다. 그러나 수작업으로 생산하다 보니 제조원가를 낮추는 데 한계가 있었고, 그에 따라 수익성이 맞지 않아 작년 말부터 생산을 잠정 중단한 상황이다. 그러나 원재료 구입에서부터 제품 제조, 판매까지 모든 과정의 경험과 노하우, 기술력을 갖추고 있으니, 자동화 시설과 이를 위한 추가 자금만 확보된다면 시장 진입 및 사업 성장이 어렵지 않을 것으로 보여 포기할 수 없었다.

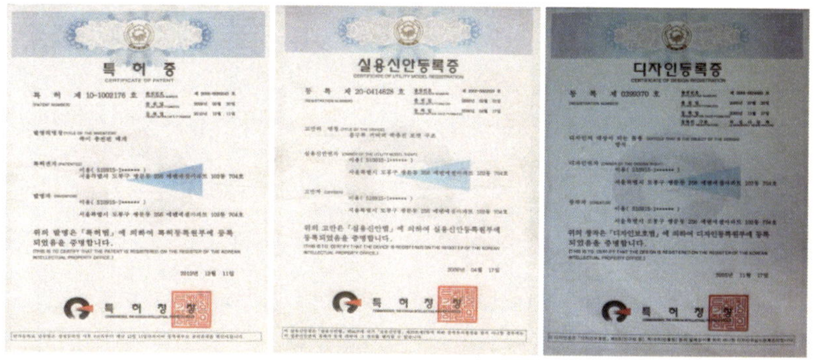

문제를 여는 열쇠

자금 확보를 위해 수소문하다가 창업교육을 수료하면 저리로 창업자금을 대출 받을 수 있다는 사실을 알고 지자체에서 창업교육을 받았다. 교육을 통해 무료로 사용할 수 있는 창업을 위한 공간인 서울시장년창업센터가 있는 걸 알게 됐고, 신청과 심사과정을 거쳐 입주했다. 입주 후 얼마 지나지 않아 창업자금에 대한 강의가 있었다. 가장 필요한 교육이라 많은 기대를 갖고 참석했다. 정부에서 창업자금 대출 외에 갚지 않아도 되는 지원정책이 있다는 얘길 듣고 궁금한 점에 대해 이것저것 물어봤다. 너무 귀찮게 물어서인지 강사가 나중에는 짜증을 내는 것처럼 보였다. 심지어 내 아이템에 대해 사업성이 없다는 평가까지 했다. 순간 기분이 나빴지만 그럴 수도 있다고 생각했다. 어쨌든 창업자금을 지원받으려면 사업 계획서를 써야 했다. 그런데 사업 계획서라는 건 써본 적이 없는 데다가 컴퓨터를 사용할 줄 모르니 앞이 캄캄했다. 한참을 고민하고 있던 차에 센터 게시판에 붙은 '사업 계획서 함께 쓰는 모임' 공지를 봤다. 전화를 걸어보니 모집 기간은 지났지만 그래도 참여하면 된다고 했다. 다행이었다.

스터디 모임에서 나는 다양한 사람들을 만났다. 나처럼 서류작업이 전혀 안 되는 창업자에서부터 작년부터 준비해온 창업자도 있었다. 우선 모임의 사람들에게 내 아이템을 설명하고 반응부터 살폈다. 모두들 반응이 좋았다. 하도 말이 많아서 허풍인 줄 알았더니 제품은 훌륭하다고들 했다. 제품에 대해 소개했으니 이젠 사업 계획서 쓰는 걸 도와줄 사람이 필요했다. 다들 바빠 보여서 누구에게 어떻게 다가가야 할지 몰랐다. 그동안 살아온 경험상 무슨 일이든 사람이 중요하다고 생각했다. 도와줄 수 있는 사람도 사람이지만, 마음을 터놓고 진실되게 같이 할 수 있는 사람을 찾았다. 몇 주에 걸쳐 이 사람 저 사람 얘기를 나눠보다가, 스터디 모임을 운영하고 있는 젊은 회장이 눈에 들어왔다. 따로 시간을 내달라고 해서 전후 사정을 말했더니 도와줄 수 있는 부분은 도와주겠다고 했다.

포기할 수 없는 작은 희망

얼마 후 '예비 기술창업자 육성사업' 공고가 나왔다. 스터디 모임에 열심히 참석하면서 기회를 봐 사업 계획서를 부탁했다. 그런데 문제가 생겼다. 신청 자격에 관한 것이었다. 이 사업은 예비 기술창업자를 육성하려는 목적으로 하는 사업이라 아직 사업자를 내지 않았거나 사업자를 낸 지 1년이 안 된 사업자라야 했다. 그래도 포기할 수 없어서 여기저기 알아보니, 내 경우에는 될 수 있을지도 몰랐다. 왜냐하면 사정이 있어서 작년 11월에 가지고 있던 사업자를 폐업하고 다시 사업자 등록을 냈기 때문이다. 하지만 해석에 따라 된다는 사람도, 안 된다는 사람도 있어서 헷갈렸다. 정답은 모르겠고, 다들 지원을 위한 사업 계획서를 쓰느라 바빠서 낄 틈이 없었다. 예정된 신청 마감일이 지나고 아무것도 하지 못했다는 자책감에 힘이 빠졌다. 몇 가지 사업이 더 나왔지만 비슷한 상황이 계속되며 시간만 흘렀다. 그래도 포기할 수 없었다. 스터디 모임 활동을 계속해가면서 또 다른 사업이 나오길 기다렸다. 드디어 '창업맞춤형 지원사업'이 공고됐고, 모임 회장과 되든 안 되든 사업 계획서를 써보기로 약속했다. 결과는 어떻게 될지 모르지만, 그래도 작은 희망이 보였다.

부족했던 준비와 계획

앞으로의 사업과 관련해서 그동안 만들어온 제품은 약쑥을 활용한 기능성 침구류였다. 그러나 앞에서 언급한 것처럼 수작업으로 제작하면 원가가 비싸지기 때문에 판매가 어렵고, 판매한다고 해도 수익이 얼마 되지 않기 때문에 제작하는 의미가 없다. 그래서 이번 자금지원 사업을 통해서 자동화할 수 있는 자금을 확보하고 대량으로 생산해 원가를 낮추고자 했다. 그런데 어려운 문제가 있었다. 약쑥을 활용한 기능성 침구류를 만든다고 해야 할지, 그 침구류에 들어가는 원단을 만든다고 해야 할지, 그 원단을 자동화로 만들 수 있는 기계를 만든다고 해야 할지 도무지 판단이 서질 않았다. 그동안 교육과 멘토링을 통해서 알게 된 강사님과 코치님들에게 코치를 받아봐도 명쾌한 답을 얻기가 어려웠다. 하루에도 수십 번씩 컨셉트에 대한 생각이 바뀌었다. 일단 컨셉트와 과제명은 제출하기 전 맨 나중에 결정하기로 하고 사업 계획서를 작성해 나가기 시작했다.

아이템과 관련된 자료들을 미리 모아놨으면 작성하기가 좀 더 수월했을 텐데, 일일이 자료를 수집해가면서 쓰다 보니 여러 가지로 어려웠다. '내 아이템이니까 금방 쓰겠지.' 하고 생각했었다. 하지만 착오였다. 재료를 어디서 사고 어떻게 만들면 된다는 지식은 머릿속에 가지고 있었지만, 경쟁 회사 제품에 대한 분석이라든지 침구류 시장에 대한 분석이 전혀 없었다. 사실 무엇을 어떻게 만드느냐보다 사업성이 더 중요한데, 너무 준비와 계획이 없었던 것이다. 아무리 기술이 좋고 값비싼 제품이라도, 쓰는 사람이 없다면 만들어도 소용이 없거니와, 그런 아이템에 대해서는 정부에서도 지원해주지 않을 것이다. 하여튼 자료도 없는 아이템을 '맨땅에 헤딩'하는 격으로 사업 계획서의 처음부터 끝까지 작성해준 게 미안하고 고마웠다. 또 사업 계획서를 쓰면서 여러 가지 새로운 정보를 얻을 수 있게 해줬다는 점에서 감사했다.

[약쑥 원단으로 만든 전기매트, 베개, 쿠션]

뼈 아픈 실수와 희망

우여곡절 끝에 사업 계획서가 완성되자 처음에 고민했던 과제명에 대한 고민이 다시 시작됐다. 제출 마감 기한이 점점 다가오고 결정해야 할 시간이 됐다. 일단 약쑥을 활용한 기능성 침구류 제작은 그동안 이미 해온 일이기 때문에 제외시키고, 침구류에 들어가는 원단이냐, 그 원단을 자동화로 만들 수 있는 기계 제작이냐 하는 것으로 선택의 폭이 좁아졌다. 마지막으로 다시 한 번 생각했다. 가장 중요한 게 뭘까? 그동안 받은 교육과 코칭을 종합해보면, 가장 중요한 건 제목이었다. 심사위원들이 사업 계획서를 자세히 읽고 판단할 시간적 여유가 없기 때문에 제목이 가장 중요하다고 한 게 생각났다. 제목에 그 아이템에 대한 설명이 포괄적으로 내포돼 있어야 하고 차별성이나 경쟁력도 있어야 한다고 했다. 결국 자동화해서 대량생산을 하는 게 목적이니만큼 원단을 많이 만들 수 있게 해줄 수 있는 기계 제작 쪽으로 방향을 잡았다. 기계 제작이라고 하면 뭔가 있어 보일 수 있겠다 싶어서 더 그랬다.

그러나 모든 게 오산이었다. 나중에 시간을 두고 천천히 생각해보니, 기계를 제작한다는 것은 웬만한 기술력으로 되는 게 아니고, 시제품뿐만 아니라 개발이나 연구 비용도 만만치 않기 때문에 창업자금을 지원해주는 사업과는 맞지 않았던 것 같다. 또 내 경력이나 노하우, 지적 재산권도 기계 제작과는 전혀 관계가 없는 것이었다. 관련 경력이나 지식도 없으면서 아이디어만 가지고 덤비는 꼴이 됐다. 단순히 전체 제작 과정 중에서 부분 부분의 기능을 할 수 있는 기계들을 사서 연결해주면 자동화가 될 거라고 생각했던 게 원인이었다.

탈락은 했지만 그래도 원인을 알 수 있어서 다행이라는 생각이 들었다. 내년에 다시 도전할 계획이다. 소중한 경험을 했으니 좀 더 깊이 생각하고 잘 준비한다면, 사업의 발판을 마련할 수 있는 창업자금을 받을 수 있을 것이다. 우선 그때까지 그동안 부족했던 시장조사와 자료수집에 시간을 투자할 계획이다. 며칠 후 해외 무역상들에게 제품을 소개하는 2012 한상대회에 참여 신청을 한 것도 이런 맥락에서이다.

실패를 경험하고 기뻐하라

난 실패를 두려워하지 않는다. 성공을 위한 과정이라고 생각하기 때문이다. 성공한 사람들의 대부분도 많은 실패를 경험했다. 실패를 두려워하기보다 '실패가 두려워 도전조차 하지 않게 될까'를 두려워하라. 여러분도 많은 실패를 경험하라. 그리고 기뻐하라. 그건 성공에 더 가까이 갔다는 말이다. 나처럼.

우리가 희망이다

채홍갤러리 대표 **양 하 나**

고3생들의 모임 공간을 만들다

현재 우리나라 젊은이들의 경쟁은 심각한 사회문제를 넘어선 생존과 직결된 미래의 문제이다. 더욱이 교육의 질과 수준은 선진국형이 되어버린 실정에서 한국의 고등학교 3학년 학생들은 많은 과목의 수업시간과 그 외의 수업들을 견딘다. 오로지 좋은 대학을 나와야 사람다울 수 있다는 일념으로, 전국 수재들 3%만이 들어간다는 SKY를 꿈꾼다. 아니면 적어도 인(in) 서울의 대학이라도 들어가려고 한국의 청소년들은 보고 싶은 것, 가고 싶은 곳, 하고 싶은 일을 잊고 일 년을 견딘다.

꿈이 가장 많을 나이인 십대 후반, 꿈의 계획을 세워볼 수 있는 황금기, 성인으로 가는 중요한 길목에서 자신의 진로에 대한 계획을 신중히 세워볼 시간들이 그들에게 주어져봤는가? 나의 50여 년 인생을 돌아봐도 10대 후반과 20대 초에 꾼 꿈들의 부피가 가장 크고 높았다. 그러나 그들은 급

물살에 떠밀리듯 판두부처럼 개성 없는 1등만 존재하는 교육에 안간힘을 쏟는다. 안타까웠다. 가여웠다. 십대의 푸르름이 햇빛에 누렇게 마른, 푸성귀처럼 떠버린 얼굴을 나의 사랑스런 아들에게서도 보았다.

그래서 고3들의 모임 공간을 고양시 일산 정발고등학교 부근에서 시작했다. 공부를 더하고 싶어도 고액 과외비가 부담스런 저소득층과 맞벌이 가정의 자녀들을 중심으로 새로운 방식의 모임 공간을 운영했다. 수학, 영어, 논술 각 과목당 10만 원의 수강료와 1만 원의 회비를 받았다.

학생들이 학교에 있을 오전 시간에는 엄마들의 스터디 모임 공간으로, 방과 후 밤 12시까지는 학생들의 공부방으로 운영했다. 또 방학 동안에는 단기간의 수험생 핵심 영어와 포인트 논술, 그리고 자기소개서 쓰는 법, 면접 태도 등, 학원과 학교에서 운영되는 방식이 아닌 차별화된 교육을 했다. 이를 위해 유학파 남편과 이대생 딸아이가 무료봉사를 맡았고, 학부모 상담과 the day 100에는 담임선생님과 의논하여 휴일 3~4시간

정도의 고 3 파티를 기획했다.

끼와 감수성이 풍부한 학생들이 만드는 작은 음악회는 프로 가수들의 무대 같았다. 학생들이 즐길 1부 파티와 2부 무대 담당은 필자가 맡았다. 학생들도 선생님도, 파티 때에 도우미로 나서준 엄마들도 너무 좋아해주었다. 엄마의 눈으로 본 학생들이 모처럼 쉰다 해도, 청소년 문화가 전무하다시피한 우리나라의 청소년들은 함께 즐길 공동체 문화가 없다. 아니, 십대들이 보호될 만한 문화가 없다. 하지만 학생이 아니어도 청년이라면 큰 포부가 형성될 만한 문화 공간, 자기존중과 가치관이 숙성될 만한 문화는 우리나라 역사에서도 얼마든지 찾을 수 있다.

그래서 그 중 우리나라 전통가옥에서 볼 수 있는 사랑방을 모티브로한 스터디 모임 공간을 '없으면 내가 만들지'하면서 만들었다. 나름 객기를 부린 것이었다.

결국 기성세대의 반성문처럼 만들었던 모임 공간이 고액이 아니면 실력이 없다는 편견으로 봉사자들을 지치게 했다. 또 형편이 풍요롭지 않은 가정에서 잘 자라준 아이들을 생각해서 설정한 수강료와 부진한 회원제 등으로 모임 공간을 철수해야만 했다. 좀 더 능력이 있었다면 하는 아쉬움에 십대의 놀이터(?)를 지속시키려고 후원자도 찾아보았다. 작은 후원금을 받는 데도 갖추어야 할 조건과 제약들이 많았다. 순수한 마음으로 시작한 일이 많은 상처와 실망감을 안겨 주었다. 그리고 자비로 충당한 임대비와 운영비 등이 실패의 결과물로 남아 가게가 어려워졌다.

그 시기 나의 나이는 정년을 해야 할 50대 중반을 지나고 있었다. 나는 자녀들이 자라 짝을 찾고, 결혼준비를 위해 분주해하고, 3세를 만날

기대에 부푼 휴식을 준비해야 할 예비 할머니였다. 그러나 다시 한 번 또 다른 계획과 기회를 만들어야 했다. 준비 없이 살았다는 것은, 황혼을 맞이한 나이에도 치열한 전쟁터와 같은 삶을 한번 더 살아야 한다는 것을 뜻했다. 세상은 좋은 뜻만으로는 살 수 없음을 늦은 나이에 또 한 번 배우게 되었다.

미지의 세계로

예술가였던 부모님의 영향으로 어린 시절 음악과 무대가 익숙했기 때문에, 그리고 종로구 창덕궁 앞이 고향인 덕에 한국 문화, 특히 색색의 고운 한복은 나의 감성에 잘 맞는 것이었다. 어린 시절부터 자르고, 만들고, 배열하고, 입는 것이 일상인 환경에서 자랐다. 사실 한국 복식은 너무 친숙한 일상일 뿐, 나의 직업 또는 일거리가 될 거라는 생각은 하지도 못했다. 오직 선친의 음악을 보고 자란 덕에 내 인생의 첫 직장은 방송국(구 TBC)였다. 활발한 음악활동과 10대 후반의 신앙생활이 또 다른 삶의 목표를 만들게 했다. 세상에 대한 작은 사명자로 살고 싶은 욕구가 강하게 다가왔다. 결국에는 교회 봉사가 나의 생애 전부와 같았고, 지금도 나는 신앙생활 하는 게 행복하고 즐겁다.

비영리 단체에서 음악가로 일했고, 광고회사의 고객관리 팀 간부로 근무한 게 나의 사회생활이었다. 그 때에는 나를 개발시키려고 자비로 대기업 간부들과 함께 전문 마케팅 교육도 받았다. 사회에 대한 봉사 습관은 교도소와 군부대 위문, 사회에 적응 못 하는 외로운 이들에 대한 카운슬러, 청소년 상담자, 교육자 없는 소외 지역의 교회학교 담당교사로 활동하게 했다. 1980년대 유치원 교육이 지금처럼 일반화되지 못했던 시절에 저학년 초교생과 유아들을 위해 직접 제작한 인형으로 인형극과 어린이 노래극(뮤지컬)을 연출하는 소규모의 공연도 주관했다.

영어가 성행했던 시절에는 영어 구연동화 교사로, 아이들에게 도움이 된다고 하면 손과 마음으로 느낄 수 있는 꽃꽂이와 전통한식 만들기, 동양자수와 예절교사, 성장기 아이들에게 인문학으로 위인들의 지혜를 함께 나누는 꼬마 독서회도 자비로 운영했다. 자립 능력이 없는 미혼모의 모자원에선 상담과 지지자로, 갈 곳 없는 어르신들의 집인 양로원에선 동요 교사로 봉사했다. 음악으로 할 수 있는 일은 어디든 찾아가서 하곤 했다.

지금 나의 나이 57세. 50년 세월이 훅 하니 지나갔다. 이 글을 쓰며 회고해보니, 한 일도 많았고 만난 이들도 많았다. 그러나 이 글을 한마디로 정리하자면 지금의 난 제 2의 인생을 열려는 2막의 주인공일 뿐이다. 성공은 멀리 있는 것이 아니라 내 마음에, 내 사고에 있다.

희망을 부르는 자에게는 그 사고가 현실을 변화시키는 힘이 있다는 것을 장년창업센터에 들어와서 알게 되었다. 나는 사회 경험도 능력도 다양한, 엔터테이너 성격이 강한 사회인이었다. 그러나 50대 중반이 넘어가면서 사회로부터 등 떠밀리는 소외자가 되는, 늙음이 무능력이 되어버린 현실을 맞게 되었다. 경력이 있어도 사회에서 내가 할 수 있는 일은 많지 않았다. 노동이 익숙하지 않은 나에게는 아르바이트도 구하기 어려웠다.

누군가 말했다, 요즘은 100세 시대라고. 그럼 100의 $\frac{1}{2}$인 50세는 하루의 시간으로 말하면 딱 12시다. 12시에 직장인들은 오전 근무를 마치고 점심식사를 한 후 잠시 휴식하며 커피 타임을 즐긴다. 오후의 일거리를 위해서 다시 뛰는 작업의 현장. 하루 중에서 핵심으로 일 할 시간인 것이다. 50대 베이비붐 세대는 정오에서 몇 분 더 간 지점에 서 있는, 아직도 노동 능력이 있는 사람들이다. 한창 일해야 하고 어찌보면 돈 들어갈 곳이 더 많아진 여전히 생활인들이다.

우리 세대는 위로 부모를 모셨고, 아래로는 자녀와 좌우의 친지와 이웃까지 챙기며 개미처럼 살아왔다. 나 역시 무남독녀 외딸로 자랐지만 연로하신 친정아버지와 시어머니를 모셨다. 남편 내조에 나의 삶 전부를 걸었다. 살 떨리게 예쁜 딸과 아들도 잘 자라주었다. 주변의 친지나 동료들과도 거리낌 없는 사이로 지내고 있다. 그러나 오늘날 우리의 시대는 흘러갔고, 나를 필요로 하는 곳도 줄어들었다. 갑자기 고요해진 적막감이 더 큰 혼란이 되기도 한다.

오늘날 대한민국의 풍요로움은 우리들의 땀방울이 밑거름이 되어 이루어진 것이다. 그러나 이제 갈 곳이 없다, 일할 곳도 없다. 업체에선 나이든 사람을 부담스러워한다. 그래~? 그럼, 내 스스로 일을 만들고, 일자리도 만들고, 직장도 만들면 되지, 뭐! 이렇게 생각하고 그동안 말로만 들어온 사업이라는 미지의 세계로 첫 걸음을 떼었다.

내가 대표라니…

'채홍 갤러리.' 수입도 매출도 직원도 없는 초짜 여성 기업인. 내가 생각해도 우습다. 그러나 한편으로는 내가 대견하고 자랑스럽다. 한복을 즐겨 입고 우리 문화를 사랑한 내가 전통한복 제작과 새로운 한복을 개발하는 디자이너로 일하게 될 줄은 정말 몰랐다. 53세의 늦은 나이로 노후를 준비한다며 할 수 있는 일거리를 찾아 나선 지 2년의 시간이 흐르고, 55세 막차라며(만 19~55세까지) 겨우 탑승한 서울시립한남직업학교(현 중부기술교육원)에 면접을 거쳐 입학했다.

45명 정원인 한국의상디자인학과는 오전 9시~오후 5시까지 수업하는 주간부 1년 과정으로서 재료비와 교육비가 전액 무료일 뿐 아니라, 심지어 점심까지 무료 급식이었다. 점심 식 자재는 까탈 맞은 주부들의 호감 1위인, 소비자와 약속을 지키는 기업의 시스템이라 깔끔했다. 전문 영양사의 식단으로 제공된 식사도 좋았다. 1년 과정이 끝날 무렵 한복기능사 자격시험 인지대까지 지원받아 시험을 거쳐 기능사 자격증도 교부 받았다.

졸업 후의 취업까지 연결하는 학교 규정상 20대, 30대 40대 순으로 취업이 진행되었다. 45명 중 가장 많은 나이를 절감하며 막연해 하던 나에게 담당 선생님이 공고문 한 장을 내밀었다. '장년창업센터 입주자 모집' 공고문이었다. 인터넷을 통해 들어간 사이트를 통해 '창업교육 이수시간과 입주 사업 계획서'를 제출해야 한다는 것을 알았다. 3개월 과정의 20시간(50세 이하는 60시간) 인터넷 강의를 이틀 만에 이수하고, 일주일을 고민해서 사업 계획서를 작성했다. 아이템이 무엇인지, 사업자의 자격은 어떤 건지, 처음 대면하는 경영은 그냥 거대한 골리앗이었다.

2012년 1월 10일에 면접을 본다는 통보를 받았다. 2월 1일, 엄청 내린 폭설로 높게 쌓인 눈길에 발이 빠지는 그런 첫 출근이 좋았다. 일거리. 사람답게 하는 일, 살아 있음을 실감케 하는 일거리, 그 일을 만들 수 있는 곳에 내가 들어왔다. 어수선하게 2월 한 달을 보내고, 3월 우연히 사업 계획서를 쓰는 스터디 모임이라는 공고문을 보았다. 망설이다가 전화를 걸었는데, 그때 문의했던 상대가 바로 이 글을 쓰게 된 동기가 되어 준 스터디모임의 회장이었다.

이렇게 시작된 창업센터 생활에서 잘 모르면 무조건 센터 사무실로 뛰었고, 어떤 경우에도 친절한 대응과 안내를 해주어 사업 초보자에게 센터 직원들은 푸근한 언덕이었다. 재무 무료상담, 패션 코칭 수업, 성공 창업 세미나 등 센터에서 제공하는 전문가 상담과 세미나 내용은 과거에 신입직원 마케팅 교육을 담당했던 나에게 자극제가 된 정보 바다였다. 올여름은 참으로 더웠다. 아스팔트가 아지랑이처럼 이글거리는 여름날, 비 오듯 쏟아지는 땀과 졸음과 싸우며 사업 계획서를 작성해 나갔다.

하루 2시간 취침하면서 사업 계획서를 수정 또 수정, 검토 또 검토했다. '창의그룹'이라는 이름으로 모인 모임의 대표들을 많이도 힘들게 했다. 오전에는 집에서 아이템 개발에 주력하고, 오후에는 센터에서 사업 계획서를 작성하고 패션 경영 코칭 교육을 받았다. 야간에 고급 봉재 기술반 교육과 한복 산업기사 반 수업까지 마치면 밤 10시가 된다. 귀가 후 새벽 두세 시까지 사업 계획서를 반복 수정하는 작업을 하며 2개월간 집중해서 사업 계획서를 완성해 나갔다.

난 크리스천이다. 아무리 바쁘고 힘들어도 하나님 만나는 기도시간과 약속의 말씀인 성경은 일과 계획표에서 언제나 1번이다. 사업에 입문해서 배운 것이 있다면, 순간의 정확한 판단과 빠른 결정이 경영자의

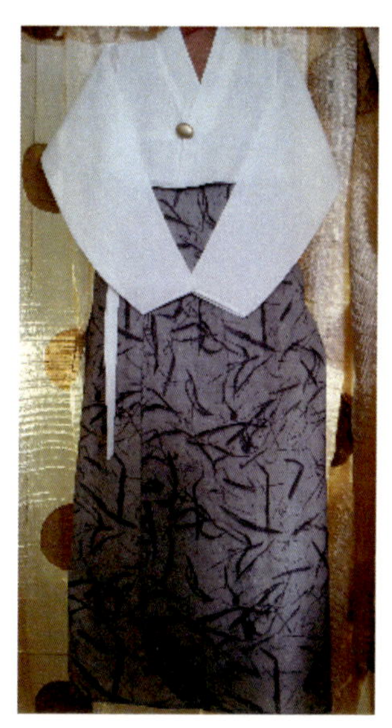

중요한 자질이라는 것이었다. 그러나 내가 나를 믿지 못할 경우에는 어떻게 할 것인가! 그래서 하나님은 나에게 너무도 큰 존재이고, 살아계신 나의 보호자이시다. 절대적 인도자이신 그분을 믿을 수 있는 난 행운아인 것이다. 나의 모든 지혜는 그분에게서 나온다. 감사 드린다.

그리고 또 고마운 이들이 여럿 있다. 내가 아이템 명을 찾지 못할 때 길잡이가 되어주었고, 컴퓨터가 익숙하지 못한 내게 자신들의 계획서 폼(form)으로 힌트를 주었다. 지금 생각하면 귀찮았을 텐데, 귀찮은 상황도 마다 않고 여러 대표들이 관심과 격려로 응대해주었다. 그런 관심과 격려가 없었다면, '창업 맞춤형사업화 지원사업'에 감히 도전도 못 했을 것이다.

첫 번의 지원자금 신청이었던 '예비기술 창업자 육성사업'에서 준비 부족으로 떨어졌다. 그런데 더 이상 사업 계획서를 쓰지 않겠다는 나에게 재도전하라는 또 다른 대표의 권유가 있었다. 관련 서류 및 사업 계획서 구성에 대한 여러 대표들의 조언, 매주 3회의 모임으로 다지기 평가 등, 스터디 모임으로 만난 대표들이 늦은 나이에 새롭게 형성된 제 2의 동기생들이 되었다. 이 지면을 통해 모두에게 감사의 말을 전하고 싶다.

구구절절 이러한 글을 쓴 이유는 창업을 구상하거나 계획하려는 창업 예비자들에게 나의 경험을 말해주고 싶어서이다. 새롭게 만나는 인연이 정보가 되고 나를 지키는 울타리가 되어준다는 점을 또 한번 강조한다. 혹여 패배자처럼 웅크리고 있다면, 기지개를 한번 크게 켜고 '방콕'을 떠나라.

물 위의 백조는 우아해 보일지라도, 물 밑의 물갈퀴는 프로펠러가 돌 듯 바쁘게 움직인다. 나는 찾게 된 정보를 가지고 빠른 행동으로 기회를 만들고, 그 기회를 새로운 나의 직장으로 만들었다. 사업 계획서 쉽

지 않다. 그러나 이 나이에 어디서 이렇게 꼼꼼한 보고서를 작성해보겠
는가! 모든 건 사고의 전환, 생각하기 나름이다. 사업자금을 받아서 사용
하는 지금도 장난 아니게 보고서가 많다. 거저 받는 돈이라 생각하고 사
업 계획서를 쓰지 마라. 세상에는 공짜가 없다. 정부자금을 받은 나에게
는 나라가 회사다. 막연히 창업을 했다면 나 같은 예비자는 망했을 것이
다. 지금은 나 자신이 신입사원이 되어 정확한 제안서, 보고서들을 쓰려
고 노력한다. 좀 더 좋은 방법이 없을까를 염두에 두고 명실 공히 채홍
갤러리 대표가 되어서 지금도 성실한 초보 우수 기업인으로 센터에서
활동 중이다.

지난 삶을 돌이켜보면 받고 살기보다 주고 살아온 일이 많았다. 그런
내가 지금은 모든 것을 무료로 제공받고 있는 것이 신기할 뿐이다. 기술
도 사업장도 사업비도 모두 무료로 제공받았다. 모두 국민이 낸 세금으
로 이루어진 것들로 말이다. 그래서 나는 이제부터 일어설 이유만이 있
을 뿐이다. 그리고 이 책을 통해 나라의 유용한 제도, 정부 사업이 제공
되는 곳, 지원받는 방법을 알리고 싶었다. 앞으로 예비 창업 후배들의 생
생한 지침이 될 수 있는 실전, 현장의 글들로 모델을 제시하자는 대표들
의 생각과 마음들을 모아 이 책에 담았다.

현재 청년실업과 나처럼 노후준비가 안 된 베이비붐 세대에게 작게나
마 보탬이 된다면 바랄 것 없는 보람이 될 것이다. 이것은 할 일 없어 숨
는 늙은 청년보다, 작은 내 일거리를 찾아 의지로 제2의 인생을 개척하
려는 완숙한 50대 청년들이 지금부터 더 멋진 일들을 만들어 비상하려
는 첫 출발일 뿐이다.

앞으로의 내 행보는 세계대회에 나의 시제품을 작품으로 출품하는 일이다. 큰 대회를 통해 나의 잠재력과 기술력을 확인하고, 문화를 접목한 교육과 유통이 가능한 아카데미식 사회적 기업으로 가는 것이 나의 사업 방향이다. 아직은 바느질의 질이 떨어지지만, 실력은 노력과 더불어 시간이 해결해준다는 것을 안다. 더불어 주변에 전문 기술력을 지닌 지인들이 많지 않은가! 디자인에 관한 창의성 측면에서 가지고 있는 감수성은 풍부하다. 사람을 좋아하고 사람을 읽을 줄 아는 자질을 십분 살려 기술력은 있으되 일자리가 없는 사람들을 직원으로 고용하는 일자리 창출자가 될 것이다. 우리나라의 뛰어난 기술 전문가들의 솜씨를 수출로 연결해보려 한다. 어린 시절부터 간직해 온 '사람 위에 사람 없고, 사람 밑에 사람 없다.'는 마음으로 함께 기댈 우리들을 만드는 기업인이 되려 한다.

창업 후배들에게

- 일거리는 생활이고, 삶이고, 생명이다. 스스로 기회를 찾고, 만들고, 돕는 자신이 되라. 세상에 우연은 없고, 만들면 기회는 있다.
- '무엇을 할까'보다 무엇이 좋은 지를 찾아라. 어려움을 극복할 수 있는 자신감이 필요하다.
- 뚜렷한 목표를 가져라. 대부분의 예비 창업자들은 막연하게 사업을 생각한다.
- 많은 멘토들을 만들어라. 모르면 무조건 묻고 도서관을 뒤져서라도 알려는 열정으로 변화를 만들라.
- 좋은 사람들을 만들어라. 먼저 좋은 사람이 되기 위해 주변에 헌신하라.
- 자신에게 돈이 없음을 걱정하지만 말고, 정보가 없음을 주목하라. 일거리를 얻으려고만 하지 말고, 안 되면 자신이 만들어라.

예비 창업자들이여! 힘들을 내소. 수고한 베이비붐 세대여, 그대들의 지혜와 노하우를, 제2의 인생으로 한바탕 멋들어지게 함께 풀며 가세나. 먼저 도전한 이들이 그대들을 도울 걸세. 얼쑤!

진정성이 답이다

아쿠아웨이브 대표 **최 윤 석**

괴물

정부에서 지원해주는 창업자금을 받기 위해 가장 기본이 되는 것은 '사업 계획서'이다. 나에게 사업 계획서의 첫인상은 '괴물' 그 자체였다. 하지만 준비하는 시간과 노력이 거듭될수록 그것은 순한 양으로 변해 갔다.

명분

정부에서 창업자금을 지원해줄 때 평가하는 '사업 계획서'란 무엇인가? 어떻게 써야 창업자금을 지원받을 수 있을 것인가! 결론부터 말하자면, 창업을 준비하는 사람, 즉 자신의 주장만 하지 말고 한 호흡을 가다듬고 상대의 입장, 즉 정부의 입장에서 자신의 사업을 지원해줘야 할 명분을 찾아야 한다. 나는 이 명분을 불합격이라는 결과를 맞이하면서 찾게 되었다.

야심 차게 도전한 2012년 예비 기술창업자 육성 지원사업에서 1차 서류심사를 통과하고 2차 발표평가 때 심사위원의 질문이 이랬다. "당신의 아이디어(제품, 기술, 사업 등)에 정부가 지원해야 되는 이유가 무엇이라고 생각하십니까?"

그래서 난 이렇게 답했다.

"제가 가진 기술은 국민의 안전한 음식문화를 위험으로부터 지킬 수 있는 기술로서 우선 회 음식 부분에 적용한 일체형 해수 살균정수 장치입니다."

그러자 심사위원은 좀 당황하면서, 좀 더 솔직하게 말하면 화를 내면서 말했다.

"그렇게 중요한 내용을 제가 질문하지 않았더라면 말하지 않았을 것 아닙니까?"

난 큰 충격을 받았다. 이 질문을 끝으로 나의 발표평가는 끝났다. 그렇다. 난 내 사업 계획서 내내 제품의 장단점, 그리고 사업성(기술력, 시장성, 파급효과 등)만을 나열하고, 거의 사업 계획서 말미에 지면을 채우듯 심사위원이 질문한 내용을 적어만 놨지, 이게 내 사업에 있어서 가장 중요한 핵심이라고는 생각지 못하고 있었다. 국민의 세금으로 지원해주는 사업에 대한 명확한 이해도, 이 사업에 있어서 가장 중요한 핵심도 알지 못한 지원자였다. 심사위원들은 이런 나를 간파하고 있었다. 왜 국가가 당신의 사업을 지원해줘야 하는지에 대한 설득력 있는, 공익적인 명분이 반드시 있어야 한다.

진정성 있는 자기소개서

이후 나는 왜 내 기술과 제품을 국가가 지원해줘야 하는지에 대한 시각에서 처음부터 끝까지 사업 계획서를 다시 쓰기 시작했다. 그러면서 내 사업에 대한 성찰을 다시 하게 되었다. 이때부터 왠지 모를 자신감이 차 올랐고, 보물지도를 갖게 된 것처럼 기뻤다. 그런데 한 가지 문제가 생겼다. '창업맞춤형 지원사업'에는 새로운 양식이 하나 추가되었는데, 그것은 자기소개서를 쓰는 부분이었다. 처음엔 짜증이 많이 났다. '이 나이에 대학생들이 면접 볼 때나 쓰는 걸 써야 되나?' 하는 생각이 들어서였다. 고민 고민하다가, 지원을 받으려면 써야겠기에 책 속에서 답을 찾고자 무작정 교보문고로 갔다. 그리고 자기소개서 관련 서적 중 베스트셀러인 『기적의 자기소개서』를 통해 현재 나와 같은 고민을 하며 취업과 자기소개서를 준비하는 친구들과 만나게 되었다. 마침내 그들의 고민 속에서 내가 써야 할 자기소개서의 답이 있다는 걸 발견했다. 내게 큰 깨우침을 준, 그때 심사위원이 해준 말, "그렇게 중요한 내용을 제가 질문하지 않았더라면 말하지 않았을 것 아닙니까?"를 다시 한 번 마음속에 새기며 진정성 있는 자기소개서를 쓰기 시작했다. 이렇게 마무리한 사업 계획서로 '2012년 창업맞춤형 사업화 지원사업'에 응모한 뒤 1차 서류심사에 통과, 2차 발표평가를 맞게 되었다.

발표 울렁증, 대본으로 극복하다

사실 난 발표 '울렁증'이 있는 줄 몰랐었다. 한 번도 대중 앞에 서본 적도 없고 여러 사람 앞에 나설 일도 없었기 때문이다. 하루하루 발표평가가 다가오면서 지원자들을 떨어뜨릴 그 무언가를 발견하기 위해 촉을 곤

두세우고 있는 심사위원들이 생각나 울렁증은 최고조에 이르렀다. 심지어 지난 번 '예비 기술창업자 육성 지원사업' 2차 발표평가 때 생긴, 왼쪽 눈 밑이 떨리는 안풍 현상이 도져 우황청심환까지 먹어도 보았지만 진정이 되질 않았다.

스터디 모임에서 발표연습을 수 차례 시도해봤다. 하지만 발표 울렁증으로 인해 외운 대사를 놓치기라도 하면 번번이 삼천포로 빠져버리기 일쑤였다. 심각한 고민이 계속됐다. 드디어 발표심사 하루 전, 연습밖에 없다는 생각에 스터디 모임에 나갔다. 모임에는 발표 일정에 따라 하루 먼저 발표한 대표님이 발표 경험을 전해주시겠다며 참석해 있었다. 발표 결과가 좋았다며 자신감 있어 하시는 대표님께 발표 시범을 요청하였고, 대표님도 흔쾌히 수락해주셨다. 참고로 창업맞춤형 사업화 지원사업의 발표평가는 발표 10분에 질의응답 10분으로 배정되어 있다. 대표님은 준비된 대본을 꺼내 자신감 있는 억양과 너무나 자연스러운 어조로 대화체의 대본을 읽어 내려갔다. 길다면 길고 짧다면 짧은 10분이 순식간에 지나갔다. 이렇게 집중된 걸 보면 준비도 연습도 참 많이 하셨던 것 같았다. 그 순간 난 속으로 '바로 이거야!' 라고 소리쳤다. 드디어 발표평가의 전략이 세워졌다. 발표는 대본으로! 질의응답은 자신감으로!

하루 전날이라 시간이 부족했지만 대본을 정성껏 준비했다. 프레젠테이션의 페이지 별 대본을 대화체로 심사위원들이 이해하기 쉽게 써내려갔다. 사실 난 3년간 해수여과기 영업을 해왔고 직접 이 장치를 개발하고 있기 때문에 질의응답에 대해서는 자신감이 넘쳐 있었다. 어떤 질문이 나와도 답변만큼은 잘할 수 있었다.

결전의 날이 밝다

결전의 날, 뭔가 심사위원들의 마음을 움직일 만한 것이 필요했다. 바로 내가 만든 샘플이었다. 아마도 이 덩치 큰 녀석이 심사위원의 마음을 움직여주는 데 큰 역할도 하겠지만, 왠지 나의 분신 같은 이 녀석과 같이 있는 게 마음 든든했다. 대본도 있으니 떨리지도 않았다. 읽으면 되니까! 이렇게 전략을 세우는 데 있어서는 심사위원들에 대한 신뢰가 바탕이 되었다. 발표 실력만으로 당락이 결정되지 않는다는 확신이 생겼다. 발표 잘하는 사람을 선정하고자 하는 자리가 아니라 보석을 찾는, 정부에서 꼭 지원해줘야 할 아이디어(제품, 기술, 사업 등)를 찾고자 하는 자리임을 깨달게 된 것이다. 발표는 자신의 제품을 진정성을 담은 말로 전달하면 되는 것이었다. 물론 대본을 안 보고 잘 전달할 수만 있다면 금상첨화이겠지만, 그게 잘 안 되는 나의 경우에는 선택과 집중이 필요했다.

드디어 발표심사가 시작됐다. 충분히 읽기 연습을 마친 대화체 대본을 읽었다. 전달하고자 한 내용을 빠짐없이 읽어 최대한 쉽게 전달했다. 그랬더니 마음에 여유가 생기고 얼굴에 미소까지 살아났다. 내게 주어진 발표시간 10분이 끝나고 자신 있는 질의응답 시간이 되었다. 예상했던 질문들이어서 답변이 잘됐고 모든 발표평가가 잘 마무리됐다. 얼마 뒤 발표평가에서 합격했다는 합격통보를 받게 되었다. 너무 기뻤다. 그리고 무척이나 보람 있었다. 물론 이제 시작이고, 더 큰 책임감이 기쁘게 내 어깨를 감싸고 있긴 하지만 말이다.

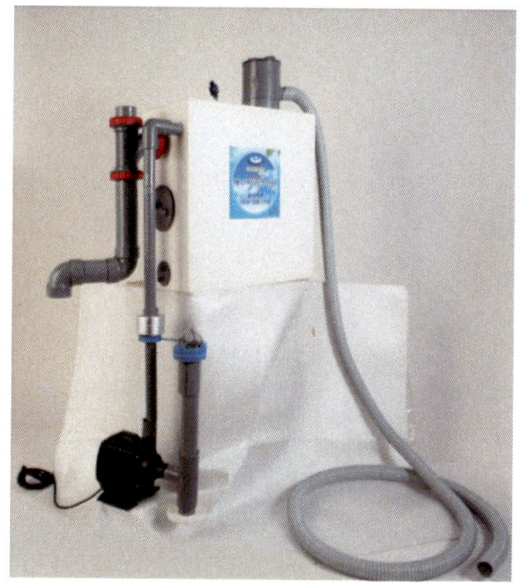

[아쿠아웨이브에서 개발한 해수 여과기]

나는 오늘도 꿈을 꾼다

처음한글 대표 **이 윤 재**

공무원으로서의 컴퓨터 프로그래머

공무원은 일반 직장인들이나 타 업종 종사자들에 비해 스트레스나 경제적 불안감에서 비교적 안정적이라고 한다. 1982년 컴퓨터 프로그래머로 시작한 나의 공무원 생활은 프로그래머로서의 적성이 잘 맞아서 하루하루가 즐겁고 보람 있는 생활이었다. 물론 월급은 적었지만, 생활의 안정성과 신분 보장이라는 면에서 보이지 않는 어떤 누림도 있었을 것이다.

나에게 맞는 적성을 아직 찾지 못했던 젊은 시절, 컴퓨터 프로그램을 처음 접한 날을 나는 아직도 잊지 못한다. 그야말로 나의 진로를 가로막던 구름이 갑자기 말끔하게 걷히고, 맑고 화창한 태양이 나만을 위해 비추는 기분이었다. 나에게 딱 맞는 적성을 찾은 것이다. 그날 이후 나는 주어지는 프로그램 과제를 해결하기 위해 거의 매일 밤을 꼬박 세우며 해결 방법을 연구하고, 나만의 로직(logic)을 만들어서 학습 수준의 과제이지만 그야말로 나만의 작품을 만들어냈다.

프로그래머라는 직업은 기술직이라고 하지만, 나름대로 창의력을 발휘하여 어떤 결과(작품)을 만들어낸다는 점에서 나에게는 매우 흥미롭고 보람 있는 직종이었다. 그러나 나는 여기에 만족하지 않았다. 공무원 재직 중에도 당시 비교적 고가였던 애플II PC를 구입하여 집에서 나름대로 아이디어를 적용하여 프로그램을 작성해보기도 하고, 실제로 이를 통해서 부업활동을 하기도 했다.

또 나는 어릴 때부터 발명에 관심이 많아서 발명이나 아이디어 개발과 관련된 책자를 특히 좋아했던 것 같다. 성인이 돼서는 내가 생각한 아이디어의 존재 여부를 확인하기 위해 특허청을 자주 방문하여 등록서류를 하루 종일 뒤적거리기도 했고, 몇 건의 특허나 실용신안을 변리사 없이 직접 서류 작성하여 신청해보기도 했다. 하지만 등록된 것은 없었다. 이러한 나의 개인적 활동이 경제적으로 도움이 되거나 표면적으로 드러난 그 어떤 효과는 없었지만, 지금 와서 생각해보면 그러한 개인적 활동이 창업 마인드나 아이디어 개발에 많은 도움이 되었을 것으로 생각된다.

마음 같아서는 프로그래머로 정년퇴직을 하고 싶을 정도로 재미있는 전산직 공무원 생활이었지만, 후배들이 늘어나고 내 직급이 올라가고,

담당 업무도 전산실 관리와 사업 관리 등 프로그램 작성과는 점점 멀어
지면서, 서서히 업무 스트레스가 밀려오기 시작했다.

퇴직 후의 정신적 고통

나름대로 퇴직 후의 계획도 세우고 희망과 자신감을 가지고 사회생활
을 출발하였지만, 20년간의 공무원 경력으로써 사회는 그렇게 녹녹지 않
았다. 혹독한 시련을 겪으면서, 여기서 멈출 것인가, 아니면 투자를 더 늘
려서 끝장을 볼 것인가로 한밤중에 벌떡벌떡 일어나기를 여러 번 했던
것 같다. 그런데 더 전진하다가 실패했을 경우 내가 노숙자가 될 수도 있
겠구나 생각하니 온몸에 소름이 돋았다. 어쩌면 자식들에게 큰 죄를 지
을지도 모를 모험을 해서는 안 되고, 최소한의 기본생활은 보장해줘야
한다는 책임감에 더 이상 전진을 할 수가 없었다.

기본적 생활을 위한 자영업

그래서 시작한 것이 지금의 자영업(2002년 개업, 여성 캐주얼 의류 판매)이었
다. 자영업을 하기로 결심한 것은, 우선 우리 가족이 기본적인 생활은 할
수 있어야 하고, 생활이 어느 정도 유지된다면 그 다음에 다시 도약할
수 있다는 생각 때문이었다.

물론 처음으로 장사를 한다는 생각에 막연한 느낌과 두려움도 있었
다. 처음에 장사를 결심하고 중소기업청에서 무료로 실시하는 소상공인
창업교육을 받고 업종을 선정한 후, 2개월간 서울 시내를 가보지 않은
곳이 없을 정도로 점포 선정을 신중히 했다. 통계에 의하면, 자영업자들

이 1년에 1/3씩 없어진다고 한다. 즉 3년 이상 살아남기가 힘들다는 얘기다. 하지만 나는 지금도 10년 넘게 영업을 계속하고 있다. 아마도 개업 전의 창업교육과 점포 선정 등에서 신중을 기한 것이 그런 결과를 가져오지 않았을까 생각된다.

지속적인 아이디어 창출

자영업을 계속하며 일단 생활의 바탕을 마련한 나는 나의 프로그래머적 자질과 아이디어 창출 마인드를 지속적으로 유지하면서 여러 가지 아이디어를 구상하고, 특허를 신청한다든가 새로운 프로그램 언어(이때 새로 습득한 언어가 비주얼 베이직, 자바)를 습득하여 컴퓨터 프로그램을 이용한 아이디어 구현을 시도해보기도 했다. 물론 대부분 중간에 여러 가지 이유로 포기하거나 실패하기도 하였다.

그 중에서 임시점포에 대한 정보를 회원 서로간에 주고받을 수 있게 만든 인터넷 커뮤니티사이트(깔세114, www.ggalse.co.kr)는 지속적인 아이디어 창출 마인드의 결과물이다. 물론 경제적인 도움도 중요하지만 나의 창의적인 마인드에 의해 무엇인가를 이루어냈다는 자부심이 더 중요하고 보람 있는 것이라고 생각한다.

깔세114는 2003년 깔세 자리 제공자와 깔세 자리를 필요로 하는 사람들의 정보 교류의 장으로 처음 개설했는데, 지금은 일일 평균 4천여 명이 방문하고 있다. 현재도 연평균 30% 정도씩 성장하고 있으며, 앞으로도 깔세 정보의 필요성은 지속적으로 요구될 것으로 생각된다.

[깔세 114 www.ggalse.co.kr]

처음 자영업을 시작할 때 점포 선정을 위해 2개월간 서울 시내를 돌아다녔는데, 그때 아이디어를 창출했다. 처음 개설할 때는 단순히 회원간의 정보교류의 장으로 내가 봉사(월 1만 원의 서버 임대료와 관리)한다는 마음으로 시작하였지만, 지금은 하루 일과 중 약간의 관리시간 투여만으로 광고 수입이 생긴다. 나름 이 계통에서는 유명한 사이트가 되었다. 자영업을 시작하기 전에 점포 선정을 위해 2개월간 서울 시내를 돌아다니면서 회원 상호간에 점포에 대한 직거래 정보를 주고받는 사이트의 필요성을 생각하여 깔세114 사이트의 아이디어가 창출되었다.

외국인을 위한 한글학습 소프트웨어 개발

그리고 지금은 또 다른 아이디어 산출물인 '외국인용 한글학습 소프트웨어'의 사업화를 위해 노력하고 있다. 우리 딸이 다니는 대학에서 외국 학생들과의 교류 프로그램에서 한글을 소개하는 영상을 본 적이 있다. 한글은 초/중/종성의 조합 원리만 알면 1주일이면 읽기/쓰기가 가능한, 세계에서 가장 우수한 문자이다. 그럼에도 불구하고 외국인이 한글을 처음 접할 때 중국의 한문처럼 상형문자로 인식하여 접근을 꺼려한다고 한다. 한국인이 영어를 처음 배울 때 알파벳을 먼저 배우듯이, 외국인이 한글을 처음 배울 때는 한글의 조합 원리를 먼저 배워야 한다는 생각에서 아이디어가 출발했다.

해당 아이디어를 구체화해서 특허 서류를 직접 작성하여 제출하고, 실제로 구현하기 위한 프로그램을 설계하고, 프로그래밍 언어(자바) 관련 책을 사서 3개월간 공부하여 실제 구현 프로그램을 작성했다. 그러던 중 신청했던 특허가 등록되어 드디어 나만의 아이디어로 인정을 받고 사업할 수 있는 기반이 어느 정도 만들어졌다. 그렇다고 해도 사업적인 측면에서 볼 때 아이템 특성상 제조업처럼 진입 장벽은 높지 않으나, 어쨌든 사업을 하려면 자금이나 창업 또는 사업유지 관련 지식 등 여러 가지 부족한 점이 많았다.

장년창업센터 입주

서울시 장년창업센터는 창업의지가 있는 40세 이상의 장년층을 대상으로 창업지원 공간을 조성하고, 창업지원 프로그램 제공 및 성공 창업

을 유도하여 지역경제 활성화에 기여하기 위해 서울시 산업통상진흥원
(sba.seoul.kr)에서 운영하는 창업 지원기관이다.

사업에 관한 지식이 거의 없던 나에게는 정말로 알맞은 맞춤 지원센터
라고 생각하여 2012년 2월에 2기로 입주하였다. 그곳에는 나와 같은 생
각을 가지고 입주한 연장자들이 많았다. 나보다 젊은 40대는 물론 환갑
을 훨씬 넘긴 분들도 열심히 창업에 관한 지식을 쌓으며 창업 준비를 하
는 것을 볼 때마다, 그분들의 경륜은 물론 열의에 존경을 표하지 않을
수 없었다. 나도 노후에 그분들처럼 보람 있는 창의적인 활동을 할 수 있
기를 바란다.

장년창업센터에서는 나의 아이템인 '외국인용 한글학습 소프트웨어'의
사업화에 중점을 두고, 우선 정부의 창업자금 지원사업에 지원함을 목

적으로 각종 강의와 모임 등에 참석하여 창업 관련 지식을 지속적으로 습득하였다. 마침 '사업 계획서 함께 써보는 모임'이라는 스터디 모임이 생겨서 가입하게 되었다. 이 모임은 각종 정부 지원사업에 지원하기 위한 사업 계획서를 각자 작성하고 발표해 봄으로써 완성도를 높여가기 위한 모임으로 시작하여, 점차 서로가 가지고 있는 지식과 경험을 발표하는 새로운 명칭인 '창의그룹' 이라는 지식 나눔의 스터디 모임으로 발전했다. 처음에는 단순히 사업 계획서 작성을 위한 모임이었지만, 점차 각자가 가지고 있는 지식과 경험을 발표하기 시작하여 명실공히 지식 나눔의 모임이 되었다. 나는 이곳에서 사업 계획서 작성법은 물론 마인드맵, SNS 마케팅, 사회적 기업, 1인 창조 기업 등 처음 들어보거나 어렴풋이 알던 창업이나 사업 관련 개념들을 많이 알게 되었다. 그러나 무엇보다도 가장 값진 소득은 장, 노년층 어르신들이 뭔가를 끊임없이 배우려 노력하고 자신이 가지고 있는 지식과 경험들을 아낌없이 나누려고 하는 마음가짐에 깊은 공감과 존경을 느꼈다. 뿐만 아니라 그분들은 봉사와 나눔이라는 것에 대한 큰 보람과 기쁨을 알고 실천하고 있었다. '창의그룹'은 서울시 장년창업센터 2기에서 처음 시작하여 이제는 새로 입주한 3기로 연결되어 계속 이어가고 있다. 처음에 모임을 구성할 때 1기 분들이 모임 구축과 지식 나눔에 많은 도움을 주었듯이, 이제는 2기가 새로 입주한 3기를 위해 지식 나눔은 물론 창업 후에도 서로 정보 교환과 친목을 위해 계속 나눔의 정신과 전통을 이어나가려 하고 있다.

아이템의 정부 지원자금 신청 추진

나의 아이템은 '외국인을 위한 한글학습 소프트웨어'이다. 초/중/종성의 조합 문자인 한글의 과학성과 미디어 기기의 특성을 이용하여, 게임을 통해 한글의 조합 원리를 자연스럽게 학습할 수 있는 소프트웨어를 PC 용과 스마트 기기용으로 개발, 광고 게재 후 전 세계에 무료로 배포하는 것이 목표이다.

2012년 4월 '실전창업리그-슈퍼스타 V', 2012년 5월 '창업맞춤형사업화지원사업', 2012년 8월 '기능성 게임 제작 지원사업' 등 장년창업센터에 입주하는 기간 중에 정부의 창업자금 지원사업에 3번 지원했으나 모두 선정되지 못하였다. 3번을 탈락하면서 그동안의 원인을 나름대로 분석, 보완하여 사업 계획서는 점점 더 객관적이고 현실적으로 다듬어졌다.

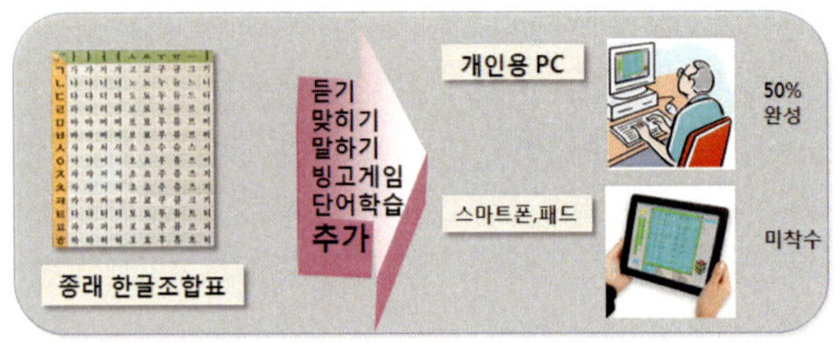

처음 계획부터 사업화를 준비하는 과정에서 특허 등록, 프로그램 직접 작성, 한국어세계화재단의 추천서 확보, 창업 관련 지식 습득 등 일련의 아이템의 사업화 활동을 했다. 그리고 아이디어를 발전시켜감에 따라 이는 한글의 우수성, K-POP 등 한류, 한국 경제발전의 인지도 등 여러

가지를 감안하면 꼭 필요한 아이템이며, 누군가는 꼭 해야 할 공익적인 사업으로서 언젠가는 반드시 선정될 거라고 확신한다.

마지막으로, 나는 이 글을 쓰면서 나의 과거를 되돌아보고 현재와 미래를 재다짐함으로써 한 계단 더 위로 올라선 느낌이다. 이러한 글을 쓰는 것 자체가 창업 마인드 수련의 한 과정이 되었음을 인식하는 계기가 되었다.

잘 작성해놓은 사업 계획서는 다용도

정부의 창업자금 지원사업은 선정 규모나 분야별로 차이는 있지만 연중 계속해서 시행한다. 그래서 한번 지원했다가 선정되지 못하더라도 실망하지 말고 더욱 보완하여 훌륭한 사업 계획서로 발전시켜놓아야 한다. 1년 중에서 가장 크고 선정 확률이 높은 것이 5월경의 '창업맞춤형 사업화 지원사업'이지만, 그 외에도 여러 가지 지원사업이 1년 내내 시행되기 때문이다. 우리나라 주택의 안방은 이부자리를 펴면 침실이 되고, 밥상을 놓으면 식당, 요강을 갖다 놓으면 화장실, 책상을 놓으면 공부방이 되듯이, 한번 잘 작성해놓은 사업 계획서는 1년 내내 정부 지원사업의 지원 성격에 따라 약간의 수정 보완만 하면 지원할 수 있는 다용도 안방이다. 이렇게 다용도로 활용하고 사업 성공의 확률을 높이려면 사업 계획서를 잘 작성해야 함은 물론이다.

사업 계획서는 아이템에 대하여 효용성이나 사업 준비의 계획 측면에서 나 자신에 대한 검증 도구이다. 그 사업 계획서를 정부 지원사업에 제출하여 제 3자에게 검증을 무료로 의뢰하는 것과 마찬가지이다.

사업 계획서 작성 전에

우선 사업 계획서 작성 시 가장 중요한 것은 기존의 유사 사업이 있는지? 있다면 나의 아이디어와 어떤 차별성이 있는지? 관련 특허의 등록 여부와 차별성은 무엇인지? 등의 자료조사를 철저히 해야 한다. 자료조사를 할 때 추측이나 개략적인 통계가 아닌, 객관적인 각종 관련 자료와 출처를 철저하게 확보하지 않으면 안 된다.

다음으로 중요한 것이 내 아이디어의 사업화 계획일 것이다. 실제로 사업화하기 위해서는 시제품 개발 업체나 관련 기술 보유 업체 또는 학계와의 대화와 확인을 통해 실제 구현 가능 여부, 제작비 소요 금액, 기간 등, 실제로 자금이 투자되었을 경우에 대비하여 시뮬레이션을 해보는 것이 좋을 것이다. 그러다 보면 자기도 모르는 사이에 문제점이 드러나고, 더욱 완성도 높은 훌륭한 사업 계획서가 만들어질 것이다.

막상 정부 지원사업에 선정되고, 지원되는 자금을 가지고 실제로 시제품을 만들기 위해 관련 업체와 접촉하다 보면 기간, 비용, 기술적 가능 여부 등에서 차질이 생겨 난감한 상황에 처하는 경우를 가끔 본 적이 있다.

실패 확률 95%

신생기업이 5년까지 생존하는 확률은 10%라고 한다. 사업에서 성공할 확률 5%, 주식에서 돈을 버는 투자자의 확률 5%, 우등생 소리를 듣는 학생 5% 등 모든 분야에서 성공하는 확률은 5%라고 생각한다. 즉 5%를 제외한 나머지 95%는 생존에 허덕이거나 실패하지만, 언론 등에서는 성

공한 5%만을 소개하고 강조한다. 어느 분야든 초보자는 실패 확률 95%
에 속해 있다.

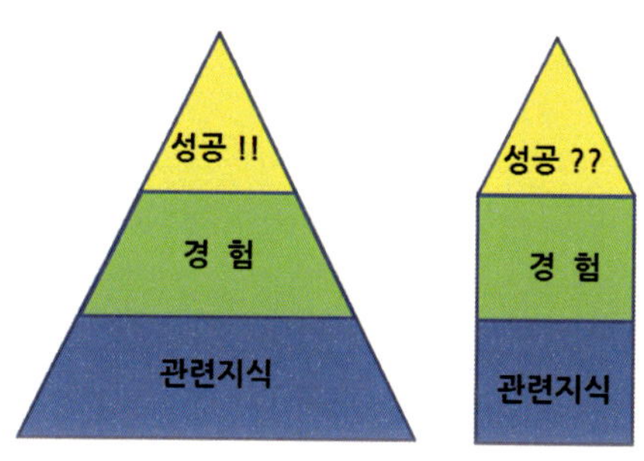

　　사업은 실패할 경우 치명적인 결과를 초래할 수 있기 때문에 더 중
요하다. 가짓수로만 따지면 창업하는 방법은 한두 가지뿐이다. 하지만
경제사정, 자금, 사기피해, 창업가의 자질 등 실패하는 경우의 가짓수
는 그야말로 95%일 것이다. 이렇게 실패할 확률 95%를 가급적 낮추려
면 끊임없이 창업 관련 지식과 경험을 마치 피라미드처럼 쌓아야 한다.
자신의 아이템 사업화에 직접적으로 관련된 단편적인 지식뿐만 아니
라, 직접적이고 당장 필요하지 않더라도 연관성이 있는 간접지식과 경험
도 함께 습득해놓아야 한다. 단지 자신의 아이템 성공만을 위한 단편적
인 지식과 경험은 실패 확률을 낮출 수가 없을 뿐 아니라, 창업 후에도
95%에 해당하는 실패 요인인 미지의 외부 충격에 쉽사리 무너질 수밖
에 없을 것이다.

나누려고 해야 얻는다

장년창업센터에 입주하고 센터의 정규활동 이외에 처음으로 참여한 것이 '사업 계획서 함께 써보기 모임'이었다(지금의 SBA 창의그룹). 말 그대로 각자가 가지고 있는 지식과 경험을 토대로 함께 의견을 나누고, 다른 분의 사업 계획서에 대해 의견을 제시하고, 또 나의 사업 계획서에 대해 남들의 의견을 배합하여 더 나은 사업 계획서를 완성하는 모임으로 출발하였다. 남의 지식을 일방적으로 듣고 배우는 것이 아니라 나의 것을 나눔으로써 결국 나에게도 많은 도움이 된다. 또한 내가 가지고 있는 소박한 지식을 남들에게 발표하기 위해서는 현재의 자신이 가지고 있는 지식에 대해 조금 더 연구하여 발표 준비를 하기 때문에 결국은 나에게 더 도움이 될 것이다.

창업지원 관련 사이트에 회원 가입하면 각종 정보(지원사업 등) 얻는다

정부의 창업지원 관련 기관은 창업진흥원을 비롯하여 수많은 기관이 있다. 이 모든 사이트 중에서 자기 아이템과 약간이라도 관련이 있는 사이트에 회원가입을 하고 e-메일 수신을 설정해놓으면, 자금지원 사업뿐만 아니라 교육, 마케팅 등 정부의 각종 지원사업에 관한 정보를 메일로 빠르게 받아볼 수 있다. 메일을 받아본다는 것은 관련 정보의 수신이라는 의미도 있지만, 창업 마인드를 계속해서 유지하거나 향상시키는 효과도 있다.

정부의 자금지원 사업 중에서 규모가 가장 크고 선정 확률이 높은 것이 5월경의 '창업맞춤형 사업화 지원사업'이지만, 그 외에도 150여 가지의 정부 자금지원 사업이 1년 내내 시행된다. 그러므로 자기 아이템에 해당되는 지원사업에 대한 정보를 적시에 확보하고 계속 지원하여 선정 확률을 높일 수 있다.

창업 관련 교육은 필수!

앞에서도 강조했지만, 사업을 시작한 후 실패할 확률은 95%이다. 이렇게 높은 실패 확률을 줄이기 위해서는 관련 지식과 경험이 무엇보다도 중요하다. 경험은 실제로 창업 후에 사업을 영위하거나 기존에 사업 중인 회사에 입사하여 경력을 쌓는 방법이 있다. 이러한 사업 경험은 사업에 관한 기본적인 지식 없이 단순히 경험만을 쌓는 경우가 대부분일 것이다.

사업 경험도 물론 중요하지만 개인적으로는 사업에 관한 넓은 지식이 더 중요하다고 생각한다. 이론적인 관련 지식이 넓게 확보되어 있는 상태에서 사업 경험을 쌓는 것이 사업의 성공률을 높일 뿐만 아니라, 사업을 영위하는 중에도 외부 충격(사업실패 요인)이 왔을 때 무리 없이 버틸 수 있는 기반이 될 것이다. 정부에서 창업자금을 지원할 때 대부분 창업 관련 교육 수료 여부를 요구하는 것도 이러한 이유에서이다. 이러한 창업 관련 교육은 창업에듀를 비롯한 여러 기관에서 온, 오프라인으로 대부분 무료로 실시하고 있다.

교육기관	홈페이지	특징
창업에듀	edu.changupnet.go.kr	창업 관련 온 오프라인 교육지원
서울시 창업스쿨	school.seoul.kr	"
청년창업사관학교	start.sbc.or.kr	교육, 창업공간, 창업자금 지원
제물포스마트타운	www.jst.or.kr	
온오프믹스	corp.onoffmix.com	각종 세미나, 행사, 스터디 모임

위 표에서는 전국에서 실시하는 교육기관 중 극히 일부만을 소개해 놓았다. 그 밖에도 여타 기관이나 협회 등 여러 곳에서 연중 수시로 각종 단기교육과 세미나를 실시하고 있다. 이러한 창업 관련 교육에 대한 정보를 신속하게 알기 위해서는 자기와 관련된 각종 사이트나 비즈인포(www.bizinfo.go.kr)에 회원 가입과 동시에 메일과 SMS 수신을 설정해놓으면 된다.

그리고 가급적이면 인터넷으로 학습하는 온라인 교육보다는 오프라인 교육이 더 효과적이고 중요하다. 오프라인 교육은 좀 더 깊이 있는 학습 효과를 볼 수 있을 뿐만 아니라, 교육생들간의 교류 및 교수진과의 친목 등이 나중에 사업할 때 많은 도움이 된다. 특히 교수진들은 대부분 정부 각 기관의 창업지원자금 심사위원을 겸하기 때문에 사전에 자기 아이템에 대한 홍보와 사업성 검증을 할 수 있다.

창업으로 꿈꾸는 혁명

맨발슈즈 대표 **정 홍 기**

창업교육은 창업의 기본

대학에서 물리학을 전공해서 그런지 사물의 이치와 원리에 관심이 많은 편이다. 이학을 전공했지만 대학에서 교양으로 경영 등도 배웠다.

졸업 후 금속 관련 유통회사에서 전산 관련 업무를 담당하다가, 2004년 말부터 퇴직을 생각하며 아이템을 구상했다. 너무 막연해서 마음으로만 고생 중이었는데, 우연히 서울시 통상진흥원에서 운영하는 창업스쿨을 알게 된 뒤 2005년 4월부터 3개월간 창업 기초 강의를 들었다. 창업의 여러 가지 고려사항 등 필수적인 창업 일반 요소들을 배울 수 있었다.

퇴직해서 새로운 삶과 꿈을 만들어 가는 데 반드시 필요한 지식들을 잘 알려주었다. 당장의 눈앞의 일들 때문에 시간이 없고 불필요한 과정으로 생각할 수도 있지만, 창업을 준비하는 사람들이라면 시간을 쪼개서라도, 일과가 끝나고 저녁반이라도 들어야 할 만큼 필수라고 생각한다. 물론 일이 바빠서 도저히 시간이 안 되는 경우는 어쩔 수 없겠지만, 미래의 더 큰 발전을 위해 반드시 투자해야 한다고 생각한다. 창업스쿨에서 나는 실버 산업과 관련해 온라인 사업을 준비했었다.

새벽 2시에 문 여는 동대문 신발 도매시장

창업스쿨 수료 후 실버산업 등 여러 가지 가능한 일들을 찾아보고 준비하던 과정에서 퇴직 후인 2006년 4월, 지인의 소개로 신발 생산회사에 근무하게 되었다. 경기도 용인에 있는 회사로서 레인부츠를 대량 생산하여 유통, 판매하는 신생 업체였다. 나는 그곳에서 신발 생산 외의 모든 업무를 총괄하는 마케팅 본부장으로서 상품 유통 및 마케팅을 담당했다. 장마철인 성수기에는 동대문 신발시장의 도매상을 얻어 매장을 직접 운영했고, 비수기에는 본사(용인)로 철수해 동대문 간이사무소인 출고소에 근무하며 도매상에다 상품을 공급하고 온라인으로 소매 판매도 진행했다.

그런데 온라인상으로 레인부츠를 판매할 때의 가장 큰 문제점은 첫째로 소비자에게 생소한 상품을 설명하는 것이었고, 둘째는 고객의 발에 잘 맞는 신발 사이즈를 확인할 수가 없다는 것이었다. 직접 레인부츠를 신어볼 수도 없고 사이즈가 유럽 사이즈로 표기되어 한국 사이즈로 환산된 사이즈가 잘 맞지 않는다는 것이 문제였다. 당시는 옛날과 달리 신발을 직접 신어보지 않고서도 온라인으로 신발 구매가 잘 이루어지는 상황이었다. 특히 레인부츠의 경우 계절상품이라는 특성상 온라인 거래가 더 활발하게 이루어지는 품목이었다.

사실 나는 동대문 신발 도매시장을 포함해 동대문 도매시장이 있다는 걸 이때 처음 알게 됐다. 동대문의 의류 도매상은 보통 오후에 저녁밥을 먹고 근무하기 시작해 다음날 새벽에 일을 마치고 퇴근하는 시스템으로 돌아가고, 동대문 신발 도매시장은 새벽 2시에 문을 열어 다음날 오후 2

시경까지 근무한다. 동대문 도매시장은 의류에서부터 액세서리, 신발 등 잡화까지, 패션에 관해서는 우리나라 도매시장의 중심으로서 지역과 지방의 소매상과 직접 연결된 우리나라 유통의 심장이다. 동대문 도매시장의 밤 풍경을 보고 나서 나는 서울 사람들이 보기와 달리 무척 부지런하고 강하다는 것을 알고 크게 감탄했다.

[뉴존 근처 밤 12시경]

[동대문 역사문화광장 앞 두타]

사업 아이템의 태동

2007년 레인부츠 생산 회사가 어려워져서 퇴사한 후 동대문에 신발 쇼핑몰을 개설하여 온라인으로 판매했다. 우연히 빅사이즈 여성화를 전문으로 하게 되었다. 유행 감각이나 신발 디자인보다는 틈새시장을 노리는 안정적인 회사 운영을 했다. 일반 신발매장에서 구하기 어려운 큰 사이즈 신발을 온라인으로 판매하였는데, 빅사이즈 고객은 매장에서 신발을 못 구해 자신의 발 사이즈를 정확하게 알지 못해서 그런지 사이즈 교환이 많았다. 전화상으로 고객의 발 정보를 알려주면 신발의 사이즈 정보를 가지고 대략의 사이즈를 알 수 있었다. 이런 방법을 온라인상으로 구현하는 방법을 찾아 연구했고 특허 출원까지 했다.

이후 쇼핑몰을 보다 잘 운영하고 규모를 크게 할 생각으로 거래처를 늘리고 직원도 뽑았다. 잘되는 듯했다. 그러나 얼마 후 신규 거래처에서 자료 문제가 발생했다. 여러 가지 방법을 찾아봤지만 너무 위험한 상황으로 폐업할 수밖에 없다는 결론을 내고 2009년 11월경 폐업하게 되었다. 회사를 정리한 뒤 지인에게 소개받은 수제화 공장에서 책임 매니저로 근무해달라는 제의도 있었지만, 안전한 지방 회사에서 근무하는 게 더 나을 것 같아서 지방에서 얼마간 일을 했다. 그나마 지방에서 맡은 업무도 마무리되어가고 오라는 곳도 없으니 서울에서 다시 새로운 일을 만들어야 할 상황이 되었다.

자영업 등을 고려하였으나 적당한 것을 찾을 수 없었다. 절친한 대학 후배의 도움으로 남성 정장 매장을 오픈하려고도 했지만, 매장 임대료와 운영 비용 등이 만만치 않아 웬만한 자금으로는 지방 매장도 구하기 힘들다는 걸 알고 포기했다. 결국 출원해둔 특허를 활용해 기술을 사업화하자는 생각이 들었다. 2008년 쇼핑몰을 운영하며 개발한 출원 특허 기술을 당시 실제 적용하거나 사업화시키지는 못했기 때문에 기술을 적용해서 사업화시키고 싶은 생각이 들었다.

그러나 문제는 신발을 안 신어보고도 사용자의 발에 맞는 사이즈를 알 수 있게 하는 방법을 개발하는 건 괜찮은데, 수익 모델이 없었다. 이 기술을 적용하여 온라인 쇼핑몰만 운영하기에는 너무 아깝고, 적용 대비 이익이 얼마 발생되지 않아 비효율이 예상되었다. 결국 온라인 쇼핑몰에 필요한 신발 상품사진이나 편집한 신발상품상세 페이지와 사이즈 정보를 결합, 신상품으로 개발하여 온라인 쇼핑몰에 판매하는 방법으로 결정했다.

창업으로 혁명을 꿈꾸다

2012년 2월, 마침 서울통상진흥원에서 운영하는 서울장년창업센터에서 2기 입주자를 모집하고 있었다. 특허 기술을 기반으로 신발 상품 페이지와 사이즈 정보를 결합한 신상품을 온라인 쇼핑몰에 판매하는 비즈니스 모델을 사업 계획서로 작성하여 지원했고 벤처 반에 합격했다. 2012년 2월 말일 부로 지방의 근무처를 그만두고 장년창업센터가 있는 서울의 삼성동으로 출근했다. 기본적인 쾌적한 사무공간이 제공되었으며, 무엇보다 비슷한 처지의 인생 선배들이 많아 창업 문제를 상의할 수 있어 반갑고 좋았다. 2012년 3월 2일 '맨발슈즈'라는 회사명으로 개업하고, 동대문 신발 도매시장에 있는 아는 동생 스튜디오의 작은 방을 빌려 맨발슈즈를 운영 중이다.

　2건의 특허 등록과 1건의 특허 출원 중인 신발 사이즈 기술은 사용자가 직접 신발을 안 신어보고도 신발 디자인 별로 사용자의 발에 잘 맞는 사이즈를 쉽게 알 수 있는 방법의 기술이다. 요즘은 신발 구매방법이 매장에서 직접 신발을 신어보고 구입하는 것이 아니라 온라인상으로 신발을 구입하여 사용하는 경우가 많은데, 이런 경우 사용자가 직접 신발을 신어보지 못해 사이즈가 잘 안 맞는 경우가 빈번하다. 특히 사이즈 단위가 다른 외국 신발의 경우 단순 단위 환산으로 사이즈를 결정할 수밖에 없으므로 더 그렇다. 이 기술은 이와 같은 문제를 기존의 온라인 쇼핑몰 상품 상세 페이지 내에서 쉽고 간편한 방법으로 해결할 수 있다. 사용자의 발 길이를 자로 한번 측정해서 입력하고, 발 볼과 발등 높이는 제시된 발 모양 패턴을 보고 가장 가까운 모양을 선택하면, 사용자의 발에 가장 잘 맞는 신발 디자인과 사이즈를 알려준다. 이 특허 기술을 활용한 사업은 기본적인 시스템에 구현되어 작동하며, 운영 프로그램을 정식 상품으로 개발하여 대량의 상품을 적용, 온라인으로 신발을 잘 판매할 수 있도록 신발 사이즈 정보를 제공하는 서비스이다. 현재 몇 단계 높은 기술을 개발하여 다음 상품화에 적용할 계획이다. 신발 사이즈에 관한 독자적인 기술을 개발하고 관련 노하우를 기반으로 침체기에 있는 신발산업을 새로운 신기술, 고부가가치 산업으로 발전시키는 데 조금이나마 기여하는 것이 소망이다.

　또한 소속되어 있는 동대문 도매시장의 활성화를 위해 새로운 기술 환경의 변화에 적합한 신기술을 도매시장에 적용하려고 한다. 이를 통해서 서민경제의 기반인 동대문 도매시장의 발전에 기여하는 것이 앞으로 내가 가야 할 길이라고 생각하고 있다. 지난 시절 동대문 신발 도매시장에서 나의 모든 것을 잃어버렸다. 목숨보다 소중한 걸 잃었지만, 앞으로 시장에서 조금씩 나의 소중한 것들을 찾아나갈 것이다. 밑바닥은 보이지 않지만, 도도한 민중의 삶이 살아 꿈틀거리는 동대문시장에서 거친 태풍의 바다를 뚫고 세상의 바닥부터 하늘까지 변화시키는 혁명을 꿈꾼다.

사업 아이템

이 사업의 수익 모델은 온라인으로 신발을 판매하는 소매상에 서비스를 제공하고 사용 수수료를 청구하는 방식으로 이뤄진다.

특허 기술의 상용화는 1) 신발 구매 고객 사이즈 확인 페이지의 편리한 디자인 및 다국어 서비스 2) 고객 발 정보 입력 값을 신발 정보와 결합하여 사이즈를 계산하는 서버 구축 3) 신발 상품 이미지 서버 구축 4) 신발 정보를 입력, 관리하는 운영 시스템 개발이다.

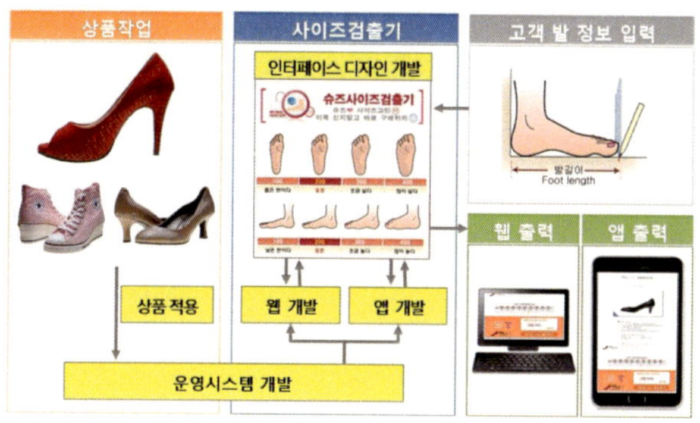

정부 창업자금 지원사업에 도전하다

장년창업센터로 출근하며 아이템을 사업화시키는 방법을 고민하고 있었다. 집을 담보로 대출 받아 사업자금으로 사용할 계획을 가지고 있었고, 반드시 사업을 실행하여 성과를 보고 싶었다. 우연히 센터의 설명회에 참석하여 중소기업청에서 새로운 기술을 개발한 창업자에게 상품개발 및 마케팅 비를 지원하는 사업이 있다는 것을 처음 알고 놀랐다. 여러 가지 창업 지원사업과 상품 개발사업 등이 있었다.

센터에서 정부의 지원사업에 관심 있는 사람들이 모여 스터디 모임인 '창의그룹'을 만들었다. 사업 기획 및 사업 계획서 쓰는 일은 자신이 있어서 모임에 참석할 것인가의 여부를 고민하다가, 서로 도와가며 목적을 달성하는 것이 안전하고 효율적이라는 생각이 들어 참석하게 되었다. 지원사업 선정 경험이 있는 선배나 전문 코칭 선생님들의 코치를 받을 수 있었고, 사업 기획을 잘하고 문제를 풀어가는 방법을 잘 알고 있는 동료들을 만날 수 있어 많은 도움이 되었다. 무엇보다도 훌륭하고 좋은 사람들을 만날 수 있어 모임이 좋았고, 배우는 것이 즐거웠다. 피해야 할 사람도 더러 있었지만, 여러 사람들의 도움과 상의로 문제를 풀어나가고 일을 만들어나가는 것이 사업이라고 생각한다. 장년창업센터 코칭 선생님, 담당 매니저와 창의그룹 회원들에게 도움이 필요하면 항상 상의하고 도움을 요청하여 문제를 해결하려고 노력했다. 그분들에게 항상 감사한 마음이다.

예비 기술창업자 육성사업에는 4월에 지원했었다. 처음 지원하는 사업으로서 고려대학교 창업지원센터 담당자와 상의하니 지원자가 많이 몰리지 않을 것으로 예상됐고, 집에서 가까운 곳이 좋을 것 같아 고려대학교를 주관 기관으로 해서 지원했다. 창의그룹 회원들은 대부분 1차 서류 심사에 통과했으나 나는 떨어졌다. 고려대학교 창업지원센터 담당자에게 확인한 결과 예비 창업자와 기 창업자를 분리하여 모집하고 있었다. 예비 기술창업자 육성사업은 예비 창업자를 많이 뽑고, 기 창업자도 학교 특화 분야인 생명이나 식품산업 분야 지원자가 유리했다. 주관 기관의 전문 특화 분야와 지원 아이템의 특성이 서로 잘 맞아야만 사업이 선정될 수 있다는 사실을 경험했다.

이후 창업성장기술개발사업 1인 창조기업 과제 중 '1인 창조기업 및 앱(App) 개발 과제'에 지원하여 1차에 합격, 2차 면접을 봤다. 2차 면접은 기술성 위주로 프레젠테이션(PPT) 없이 사업 설명과 질문으로 평가를 받았다. 먼저 면접을 다녀온 지원자들이 기술성 위주로 질문한다고 알려줘서 기술성에 집중해 준비했다. 프로젝터를 사용하지 않고 설명하는 방식이라 그림을 보며 설명할 수 있도록 A3 용지에 설명을 출력, 2장을 붙여 1장으로 만들어갔다. 또 설명할 내용을 PT 페이지 별로 정리하여 중요 사항은 컬러 표시하는 등 작은 발표내용 쪽지를 준비했다.

발표 장소인 여의도는 비슷한 건물이 많아 30분 전에 근처에 도착했는데도 겨우 면접시간에 맞춰 들어갈 수 있었다. 여러 가지 변수가 있을 수 있으니 면접장에는 미리 가는 게 좋겠다. 처음 발표하는 것이라 당황해서 그런지 계획대로 발표도 못 하고 질문에 적절한 답도 못 했다. 준비는 많이 했지만 결과가 좋지 못해 결국 떨어졌다. 심사관들의 질문에 화도 많이 났고, 적절하게 대처하지도 못했다. 공고사업과 지원사업의 성격이 서로 맞지 않아 적절하게 평가를 못 받은 경우였다는 생각이 들었다. 그래도 정확한 원인을 알아야겠기에 중소기업청 기술개발사업(Smtech)의 고객센터에 2차 면접 결과에 대해 문의했다. 이의신청을 할 수 있으나 이의신청보다는 다른 방법을 찾기 위해 담당자에게 도움을 요청했다. 그러자 담당자가 '중소기업 첫걸음 기술개발사업'에 지원해보라고 알려줬다.

사업의 특성이 잘 안 맞는다고 생각됐지만, 당시 특별히 추진되는 사업이 없어 담당자 말대로 일단 지원을 했다. 창업사업보다는 큰 사업이라 서울중소기업청 담당자와 심사 교수가 사무실로 실사를 왔다. 실사는 준비 서류에 맞춰 여러 확인 서류를 준비했고, 담당자와 심사 교수가 사무실을 방문하여 검토 서류와 현물 등을 확인하고 필요한 사항을 질문하는 형식이었다. 실사는 먼저 사업 계획서상 기업 현황을 정확하게 잘 기록하고, 실사 담당자가 방문할 때는 필요한 서류를 미리 준비하여 확인사항을 체크하여 즉시 제시하면 된다. 최종 실사평가 결과 예상대로 공고사업과 특성이 잘 안 맞는다는 이유로 선정되지 못했다.

올 6월 창업 맞춤형사업화 지원사업의 지식 서비스 아이디어 상업화 사업에 지원하여 1차 서류심사와 2차 면접심사를 통과하고, 최종 창업진흥원 아이디어 상업화 사업과 매칭(matching) 돼서 8월부터 사업 추진 중이다.

지원 사업 계획서는 중요한 개념을 그림이나 도표로 표현하여 사업의 내용을 잘 전달할 수 있도록 했다. 사업 계획서 양식의 목차를 내용이 들어갈 만큼 떼어서 차례대로 기록하고, 목차를 계속 읽고, 읽으면서 생각나는 아이디어나 그림을 목차 사이의 공백에 연필로 기록하거나 도식

화해서 표시했다. 필요한 자료 등은 관련 기관이나 사이트에서 정리해 인용하고 출처를 밝혀 사업 계획서의 신뢰성을 높였다. 2차 면접은 심사 시간을 고려해 철저하게 각본을 짜서 예행연습을 했고, 심사장의 상황 에 맞춰 차분히 심사관들에게 중요 사항을 설명하고 질문의 요지를 잘 파악하여 답변했다. 100% 만족하는 답변은 아니지만, 최선을 다해 답하 려고 노력했다. 2차 합격 후 연수 및 매칭에서는 사업 특성에 가장 가까 운 창업진흥원의 아이디어 상업화 사업으로 신청하여 최종 매칭되었다.

창업과 사업 계획서 사이

창업을 권하는 사회다. 정부에서는 대대적인 여러 창업 지원정책을 실 시하고 있다. 이스라엘 다음으로 창업에 정부지원이 많은 나라가 우리나 라라는 기사도 봤다. 그만큼 우리나라는 이스라엘처럼 가지고 있는 자 원 대비 인구가 많은 상황이다. 창업만이 앞으로 살 길이 아닌가도 생각 된다.

창업 안 하고 싶은데 여러 상황이 어쩔 수 없는 경우여서 할 수 없이 창업했다면 현실은 어렵다. 가장 좋은 창업은 종전에 하던 일에 아이디 어를 조금 더 발전시키고, 기본 거래처를 조금 가지고 있는 상태에서 좀 더 좋은 기술을 개발하거나 개선된 상품을 개발해 고객을 확대시키고 회사를 발전시키는 경우라고 생각한다. 너무 새롭거나 처음 시도하는 일 은 결과를 예측할 수 없어 많이 불안하다. 사용자의 발 사이즈를 검출 하는 기술도 고객의 실제 효용성 등 반응이 어떨지 알 수 없어 불안하 고 미래를 예측할 수 없지만, 가장 좋은 방향을 찾아가며 도전 정신을 가지고 추진해 나가고 있다.

창업에 있어서 정부의 창업자금 지원사업에 선정돼 초기 창업자금 문제를 해결하는 것도 중요하지만, 무엇보다도 가장 중요한 것은 사업 자체의 실효성 여부를 냉정하게 잘 따져보는 일이라고 생각한다. 사업 계획서를 잘 검토하고, 실제 사업을 풀어나가는 방법 등을 잘 고려해서 간접적인 결과를 예측하여 문제를 사전에 막는 것이 중요하다. 그런 면에서 사업 계획서가 실제로 일을 풀어 나가는 데 중요한 도구가 될 수 있다고 생각한다.

세상에 공짜는 없다

정부가 창업자금을 지원해주는 사업이지만, 결국 국민의 세금으로 지원을 받는 것이지 주관 기관의 담당자가 사업비를 지원해주는 것은 아니다. 사업 매뉴얼에 따라 필요한 서류를 주관 기관 담당자보다 더 철저하게 준비하고 처리해서 자신의 사업을 성공시켜야 한다. 그리고 사업 성공 후에는 나와 같은 처지의 사람을 도와야 한다고 생각한다. 반드시 좋은 성과를 이뤄 사회와 국가에 보답하고 싶다.

이 책의 출판을 위해 모인 대표들 모두 자신들의 사업으로 눈코 뜰 새 없이 바쁘지만, 지금 이렇게 책을 쓰고 있는 것은 사회와 국가에 보답하는 일의 한 부분이라고 생각하기 때문일 것이다.

아직도 도전에 목마르다

더 더 잡스 대표 **김 동 근**

성공의 단맛, 실패의 쓴맛

40여 년 전 한국능률협회에서 교육과 출판 업무를 담당하는 것으로 사회생활을 시작했다. 그때는 젊기도 했지만, 우수한 인재들과 함께 일을 하다 보니 공부를 많이 해야 했다. 그 덕분에 이후 직장 생활과 사업 아이템을 개발하는 데 있어서 필요한 아이디어를 얻을 수 있었다. 한국능률협회를 나와 10년간 다닌 제약회사에서는 구매, 자재, 생산 관리를 담당했었다. 이런 경험과 삶에서 얻은 소중한 지식들로 30대에 개인사업을 해보기로 결심했다. 첫 아이템은 능률협회에서 배운 경영지식이 바탕이 됐다. 조청으로 유명한 시골마을에서 조청을 대량으로 구입한 뒤 작은 병에 나눠 파는 사업 모델이었다. 이를테면 좁고 깊게 파는 비즈니스 전략이었다.

제약회사에서 익힌 경험들을 동원해 유명 백화점과 대형 갈비집에 납품했다. 한마디로 '대박'이었다. 한 번에 많이 사기는 부담스럽고 좋은 제품은 사고 싶어 하는 소비자들의 마음을 제대로 읽은 것이 성공 비결이었다. 그러나 잘 나가던 사업에 제동이 걸렸다. 식품 관련 대기업에서 페트병 형태로 만들어 출시했기 때문이다. 성공의 단맛도, 실패의 쓴 맛도 봤다.

새로운 시작

술과 친구들을 좋아하다 보니 민속주 아이템으로 주류 사업을 잠깐 했는데 성과가 별로 좋지 않아 그만두었다. 새로운 사업 아이템을 구상 하던 무렵 집에서 못을 박다가 눈을 크게 다치는 사고가 있었다. 수술 후 장애 판정을 받고 나니 사업도 취직도 어려워졌다.

특별히 할 수 있는 일이 마땅치 않아 쉬고 있을 때였다. 페인트 기능공 으로 일하고 있던 제수씨가 경력만 쌓이면 괜찮다며 페인트 도장 기능 공을 추천했다. 안정된 회사에서 나와 사업하겠다고 나온 지 꽤 됐는데, 다시 남의 밑에서 일할 수 있을까? 나 자신을 재고 조사해봤다. 술과 친 구를 좋아하는 나는 사업가로서 부적절해 보였다. 결국 제수씨의 제안 을 받아들여 페인트 도장 기능공으로 다시 시작했다.

또 다른 위기와 시련

눈이 불편하다 보니 일을 해도 허드렛일만 맡게 됐다. 그래도 당시 상 황에서는 다른 방법이 없어 맡겨진 일만 묵묵히 해나갔다. 그래도 전국 적으로 일이 많아 수입은 그런대로 나쁘지 않았다. 그러다 2009년 겨울, 건강검진 받으러 간다는 친구를 따라갔다가 남는 시간에 받은 검사에서 암이라는 충격적인 진단을 받았다. 다행히 말기로까지는 진행되지 않아 수술을 받을 수 있었다. 수술은 성공적으로 끝났지만 몸과 마음이 지쳤다. 뭔가를 다시 시작하고 싶은데 체력이 따라주지 않았다. 그래도 이대로 주저앉을 수 없다는 생각에 계속해서 새로운 아이템을 구상했다. 최근에 경험했던 일이어서 그랬는지, 페인트 도장 기능공 일을 하며 불편했던 경험들이 자꾸 떠올랐다. 그것들을 점차 구체적으로 생각해가며 사업 아이템으로 발전시켜 나갔다.

날기 위한 둥지를 틀다

몸이 어느 정도 회복돼서 돌아다닐 만했다. 이제 얼마 후면 내 나이 일흔, 조금이라도 힘이 있을 때 뭔가 가치 있는 일을 해놔야겠다는 생각이 들어서 사업에 관한 준비를 차근차근하고 있을 때, 신문을 통해 서울시 장년창업센터의 입주 공고를 보게 됐다. 창업하려는 40세 이상의 시니어들에게 창업을 위한 공간과 교육을 지원해준다는 내용이었다. 나에게 안성맞춤이라는 생각에 지원하게 되었고, 간단한 서류와 면접을 통해 입주할 수 있었다. 그동안 사업 아이템으로 구체화하고 있던 제품은 '페인트 롤러'이다. 이 제품은 나처럼 나이 든 사람이나 장애인들도 쉽고 편리하게 작업할 수 있도록 페인트 충진(넣는 것)을 용이하게 해주는 것이 특징이다. 아이템 발명에 대한 생각은 어느 정도 구체화되었지만 문제는 자금이었다. 페인트 도장 기능공 일을 하면서 큰돈을 모으지도 못한 데다 수술비와 치료비로 많은 돈을 써버렸다. 어차피 사업을 하려면 돈이 필요한데, 한두 푼도 아니고 어떻게 해야 하나 고민하고 있을 무렵, 창업센터에서 준비한 교육을 통해 '정부에서 지원해주는 창업자금'이 있다는 사실을 알게 됐다. 그것도 빌리는 게 아니라 공짜로 주는 거라고 하니

무조건 신청해야겠다는 생각이 들었다.

하지만 마음속으로의 기쁨도 잠시, 그런 자금을 받으려면 사업 계획서도 써야 하고 심사도 받아야 하는데, 컴퓨터가 익숙하지 않으니 또다시 걱정이 됐다. 그러던 차에 창업센터 안에서 정부 지원자금에 필요한 사업 계획서를 같이 쓰는 모임을 갖는다는 공지를 봤다. 첫 모임에 나가보니 나처럼 사업 계획서를 어떻게 써야 할지 몰라 어려워하는 사람들이 많았다.

도전 …, 도전…, 도전 …

계속 모임에 참석하니까 사업 계획서를 쓰는 방법에 대해서는 조금씩 알겠는데 역시 컴퓨터 문서작업이 문제였다. 아들에게 부탁하자니 바쁜

데 부담을 주는 것 같아서 다른 방법을 찾아봤다. 일단 모임에서 알게 된 사람들에게 사업 계획서 양식을 뽑아달라고 부탁하고, 그 빈 양식에 내 아이템을 연필로 적어나갔다. 종이가 너덜너덜해질 때까지 썼다가 지우기를 반복하면서 내 생각을 사업 계획서에 옮겼다. 모임에 나가 발표도 하고 조언도 들으면서 사업 아이템을 더 구체화했고, 사업 계획서도 점점 다듬어 나갔다. 마침내 '아이디어 상품화 지원 사업'이라는 창업자금 지원사업 공고가 나왔다. 제조업 분야의 아이템을 가진 사람들이 지원할 수 있는 사업으로서 선정되면 최고 5천만 원까지 지원해준다고 했다. 아들에게 부탁해 연필로 쓴 사업 계획서를 컴퓨터로 작업하고, 스터디 모임에서 제조업이 아이템인 몇 분과 함께 지원했다. 결과는 선정되지 못했지만 그래도 많은 걸 배울 수 있었다.

그 다음에 나온 사업이 '예비 기술창업자 육성사업'으로서 모임에 참가하는 대부분의 사람들이 지원했다. 1차 서류심사 발표를 기다리는 동안 지자체 차원에서 진행하는 'G-프로젝트'에도 도전했다. '아이디어 상품화 지원사업'과 '예비 기술창업자 육성사업' 지원을 위해 써온 사업 계획서가 있어서 큰 노력을 들이지 않고도 지원할 수가 있었다. 이것은 경기도에 사는 사람들만 지원할 수 있어서 경쟁률이 낮을 것 같다는 생각이 들었다. 속으로 기대가 됐다.

날다

여기저기 지원사업을 준비하면서 한편으로 내 아이디어를 누군가 도용하지 못하도록 조치해놔야겠다고 생각했다. 평소 갖고 있던 발명에 대한 관심과 능률협회에서 얻은 지식을 바탕으로 다른 아이디어로 특허 등록을 해본 터라 특허 절차는 어느 정도 알고 있었다. 특허청 공익변리사와 상담을 통해서 서류를 준비했고, 장애인 지원 혜택이 있어서 무료로 특허 출원을 할 수 있었다. 그러는 동안 'G-프로젝트' 1차 서류심사 결과가 공지됐다. 합격이었다. 기쁘기도 했지만 어리둥절했다.

2차에는 발표로 심사를 해야 한다고 하는데 경험이 없으니 어떻게 해야 할지 몰랐다. 그래도 지금까지 잘해왔으니 나머지도 잘할 수 있을 것 같았다. 발표평가를 위해 심사장으로 갔는데, 아들 벌 되는 지원자를 비롯해 젊은 사람들이 대부분이었다. 나이는 많이 먹었지만 젊은이들과 이렇게 경쟁하며 도전하는 나 자신을 보니 스스로 대견하고 자랑스러웠다. 결과를 떠나서 젊은이들에게 '나이와 상관없이 최선을 다해 노력하는 모습', 그 '도전정신'을 보여줬다는 것 자체가 의미 있는 사회 기여활동이 아닌가 싶다. 심사위원들이 그런 모습을 높이 평가했는지 2차 발표심사에서도 합격했다. 그동안 내가 하는 일에 미덥지 않은 쌀쌀한 시선을 보내던 아내와 바쁜 직장생활 중에도 시간을 쪼개가며 사업 계획서 문서작성을 도와준 아들에게 면이 서는 순간이었다.

더 높은 곳을 향해

지난 6월부터 지자체에서 지원해주는 자금으로 시제품을 제작하기 시작했고, 지금은 거의 마무리 단계에 있다. 시제품이 나오면 실제 작업현장에서 바로 사용할 계획이다. 또 제품에 대한 시장의 반응 정도에 따라 양산도 하려고 한다. 이를 위해 또 다른 내년 정부 지원사업이나 저리로 쓸 수 있는 창업자금 대출을 검토 중이다.

나의 비전은 도장업계에서 장애인과 시니어들의 일자리를 창출할 수 있는 사회적 기업에 있다. 이를 실천하기 위해서 내년 초 법인회사를 설립하고, 날씨가 풀리는 3월 정도부터 공사를 맡아 6개월간 운영 실적을 쌓은 뒤, 구청에 예비 사회적 기업으로 신청하려고 계획하고 있다.

모든 사람에게는 종착역이 있다. 어디서 출발하고 어떤 경로를 지나왔는지는 사람마다 다 다르지만 그 종착역은 모두 동일하다. 난 그 종착역에 도착하기 전에 무언가 의미 있는 일을 하려고 한다. 사회에서 소외된 장애인과 시니어들, 그들에게 말이나 마음으로만 위로해주기보다는 실질적으로 도움이 될 수 있는 일, 그들에게 일의 능률을 올려줄 수 있는 장비를 제공해서 경쟁력을 갖게 해주고, 지속적인 공사 수주로 안정적인 일자리가 되도록 만들어주는 것, 그것이 얼마 남지 않은 내 인생의 꿈, 희망이다.

아이템 소개

통상적으로 페인트 도장 작업을 할 때는 페인트 통에 있는 페인트를 롤러 겉면에 골고루 흡착하기 위해 롤러 판에 몇 번 문질러서 묻힌 다음, 바닥에 떨어지는 것을 최소화시키며 벽까지 이동해서 롤러 굴리기(바르기)를 반복한다. 이때 떨어지는 페인트 방울을 작업완료 후 쉽게 제거하기 위해 공사 시작 전에 바닥에 깔개를 까는데, 이러한 작업이 공사 시작에서 완료 때까지 반복적으로 요구된다. 한편 이색(색이 다른 것) 방지와 균일도막(칠 두께)을 위해 이미 작업한 면을 페인트가 소진된 상태의 롤러로 다시 한 번 부드럽게 굴려 정지 작업을 한다. 그러나 페인트 묻히기와 흡착을 위한 반복 작업, 떨어지는 것을 쉽게 제거하기 위한 깔개 작업, 균일도막을 위한 반복 작업은 능률저하와 시간낭비를 가져오고, 작업의 신속성과 간편성이 저해되는 문제점이 있다. 이를 해결하기 위해 스프링 탄성을 이용해서 간단한 동작만으로도 스프링이 벌어져 롤러 내부에 페인트를 담을 수 있게 하고, 몸통에 조성되어 있는 다수의 구멍으로 배어 나오게 해 도장을 할 수 있게 한 충진 식 친환경 종이 관 페인트 롤러이다.

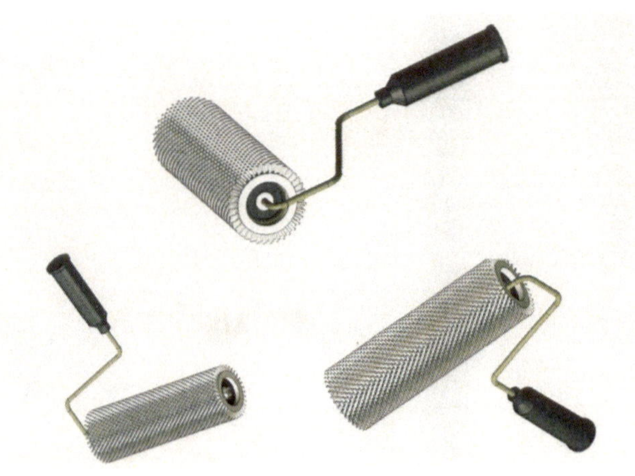

[충진 식 친환경 종이 관 페인트 롤러]

꿈을 향하여 도전하라

창업을 준비하는 분들에게 여러 가지 많은 말보다 이 메시지를 전하고 싶다.

나는 몇 달 후면 일흔이다.

나는 아직 컴퓨터를 다룰 줄 모른다.

나는 장애인이다.

나보다 나은 상황이라면 도전하라. 당신이 무엇을 꿈꾸든 이룰 수 있다.

창업 성공을 넘어 VIII

절실하면 통한다

다르게 점프하라

지금까지 정부 지원사업에 관한 필요한 내용들을 구체적으로 살폈다. 정부 지원사업에는 어떤 것들이 있고, 그것에 선정되기 위한 실제적 노하우들이 무엇인지 다루었다. 아울러 그 과정을 직접 경험한 사업자들의 생생한 이야기들도 들어보았다. 막막했던 이들처럼 유사한 현실 앞에서 여전히 관심을 갖고 방법을 찾고자 하는 사람들에게 꼭 필요한 내용들이다.

이제 지금까지의 실제적인 내용을 관통하는 원리들을 다룸으로써 이 글을 마감하려 한다. 앞에서 살핀 내용들은 실제 사업을 위해 적용 가능한 노하우들이다. 그것들은 반드시 필요한 실제적인 정보이고 방법들이다. 그렇다면 그것들을 배후에서 가능하게 하고 사업자로 선정된 이후에도 사업을 밀어줄 원리들은 과연 무엇일까?

절실하면 통한다

그것의 실마리를 사업자 선정을 위해 면접을 주관했던 심사위원들의 이야기에서 찾을 수 있다. 그들은 하나같이 사업자 선정에 있어서 가장 중요한 것은 무엇보다도 사업자의 의지라고 한다. 사업 계획서나 프레젠테이션, 사업화 가능성과 시장성, 이익창출 여부 등도 중요하지만, 결국 가장 중요한 것은 사업자의 의지라는 것이다. 정부 예산을 사용하는 사업이니만큼 그것이 성공적인 결과를 낳으려면 사업 주체의 강한 의지가 무엇보다 필요하다고 한다. 다른 것들이 모두 훌륭하다 하더라도 사업자의 강한 의지가 부족하면 선정 자체가 어렵다는 설명이다.

다른 많은 것들이 그렇듯이 사업의 성공은 사업자의 강한 의지에 의해 판가름 난다. 사업의 성공은 사업 주체의 열정에서 비롯되고, 그 열정은 바로 사업자의 절실함에서 기인한다. 사업을 위해 아침 일찍 일어나고, 남들보다 더 열심히 일하고, 척박한 환경에서 성공하겠다고 발버둥치는 것은 누구에게나 똑같이 힘들다. 하지만 정말 목숨 걸고 내 인생에서 한 번 해보겠다는 절실함이 있다면, 사실 못 할 일도 없고 못 이룰 것도 없다. 문제는 과연 창업을 해서 사업을 하겠다는 사람에게 이 절심함에서 나오는 의지가 있느냐이다.

그렇다면 과연 그 절실함은 어디에서 나올까? 그것은 무엇보다 자기를 인정하는 것에서 나와야 한다. 자신이 처한 위치나 상황을 객관적으로 살피고 그것을 정직하게 인정하는 것에서 출발해야 한다. 사실 베이비붐 세대는 그 어떤 세대보다 열심히 잘 살아온 사람들이다. 가족을 살리기 위해, 국가의 사회·경제적 현실을 바꾸기 위해 불철주야 뛰어온 세대이다. 분명 이들은 한국의 역사에서 반드시 기억될 뚜렷한 세대임에 틀림없다.

그럼에도 현재 그들이 만나는 현실은 절실하다. 다시 만나는 현실은 그 시기를 달리할 뿐 여전히 치열한 삶을 요구한다. 과거의 나의 모습이나 과거의 내가 얼마나 찬란했는지에 대한 기록들은 여전히 유효하지만, 그것은 이제 묻어두어야 할 자존심이다. 그렇게 자신을 정직하게 인정함에서 우러나오는 절실함은 그 사람이 사업 계획서를 쓰고 자기 사업을 설명하는 데 배어나올 수밖에 없다. 그리고 대면평가의 자리에서도 좀 부족할 수 있는 프레젠테이션 같은 요소들을 극복하고, 심사위원들을 감동시키고, 일을 만들어낸다.

이런 절실함만큼이나 중요한 것이 또한 목표다. 뚜렷한 목표가 있어야 열정이 식지 않는다. 어찌 보면 이들 세대의 새로운 창업도 힘들게 결심하고 시작한 일이다. 과거만으로 충분할 수 있는 자신의 삶을 다잡다가 다시 시작하는 길이다. 그렇게 새롭게 시작한 사업의 현장에서도 역시 포기하고 싶은 순간들이 수없이 다가올 것이다. 잠자리에서 벌떡 일어나 남몰래 흘리는 눈물을 감추어야 할 것이다. 우리가 살아온 시간을 되짚어봐도 그동안 그런 순간들이 얼마나 많았는가!

따라서 그때마다 분명한 목표가 있어야 한다. 사는 게 바쁘다 보면 목표가 흐려지고, 포기하고 싶은 순간마다 목표가 흔들릴 것이다. 그때 분명한 목표는 나태해지는 마음을 다스리고 포기하려는 유혹을 다잡아 줄 것이다. 또한 목표를 세웠다면 머리에만 담아두지 말고 글로 써서 자신의 시선이 머무는 곳에 두라. 이런 저런 경로를 통해 하루에도 수없이 이것을 보다 보면 그 목표가 살아 움직일 것이다.

아울러 반드시 잊어서는 안 될 것이 행동에 관한 철칙이다. 아무리 분명한 목표와 기발한 사업 아이템이 있다 하더라도, 그것을 실현시키는 것은 변함없이 행동이다. 아는 것이 힘이라고 하지만, 실은 아는 것을 행동으로 옮기는 것이 힘이다. 행동으로 옮기려 할 때 그 원칙은 '즉시, 반드시, 될 때까지'이다.

사실 어떤 책을 읽고 좋은 멘토를 만나는 것도 매우 중요하다. 하지만 읽은 책의 좋은 내용이나 자신이 선택한 훌륭한 멘토의 가르침도 아는 것만으로는 아무 소용이 없다. 좋은 책을 읽었으면 반드시 행동으로 옮겨야 한다. 멘토의 소중한 경험과 가르침도 즉시 행동할 때 가치가 있다. 어쩌면 그런 책의 내용이나 멘토들의 말은 우리가 이미 다 알고 있는 이야기들일지 모른다. 그러나 정작 우리가 그렇게 살지 못해서 자꾸만 책이나 다른 사람들의 이야기에서 답을 찾으려 하는지도 모른다.

다르게 점프하라

행동하는 것과 함께 반드시 짚어야 할 것이 또 있다. 뛰어남에 기초한 차별성이 그것이다. 하려고 하는 사업 아이템의 차별성은 물론 시장 분석과 사업 모델의 차별성이 반드시 요구된다. 즉 사업자로 선정되기 위해서도, 향후 사업에서 성공하기 위해서도 반드시 필요한 것이 차별성이다.

아울러 사업자 자신의 다른 사업자와의 차별성 또한 필수적이다.

세상 사람들은 모두 열심히 일한다. 그렇다고 열심히 일하는 모든 사람들이 성공하는 것은 아니다. 모든 사업자들 또한 열심히 생각하고 열심히 일한다. 그렇다고 시장에 진입하는 모든 사업이 성공하는 것도 아니다. 실제로 요즘 들어 많은 베이비부머들이 창업을 하지만, 그들 중 3년을 넘지 못하고 폐업하는 경우가 대부분이다.

그렇게 중요한 차별성은 자신이 보고 들은 것에서 시작한다. 우리의 삶에서도 어떤 것을 보고 듣고 사느냐에 따라 삶의 방향이 완전히 달라진다. 예컨대 맛있는 음식도 실제로 많이 먹어봐야 어떤 식당의 음식이 진짜 맛있는지 알게 된다. 많이 돌아다녀보고, 많이 경험해보고, 직접 보고 느껴야 어떤 것이 진짜고 가짜인지 알 수 있다. 그렇게 경험이 쌓여가는 과정에서 다른 사람과는 다른 관점이 생기고 통찰력이 생겨서 다른 사람과 다르게 차별화할 수 있다.

물론 그런 차별화가 끝이 아니다. 계속해서 자기 자신을 발전시키고 점프해야 한다. 하루가 다르게 변하는 치열한 사업 현장에서 애써 자신을 점프시키지 않는다면 발전을 기대하기 어렵다. 직장인을 대상으로 창업 실패의 이유를 물었을 때, 사업 운영이 미숙했던 것이 가장 큰 이유였다는 답변이 가장 높았다. 치열한 창업 이후의 성공을 위해서도 자신을 계속 점프시켜야 하고, 그러려면 치열하게 배워야 한다.

이렇게 배우려고 할 때 하나 덧붙이고 싶은 것이 전문가의 독한 가르침이다. 사람마다 잘하는 분야가 다르듯, 그 분야에 특별한 전문가가 있게 마련이다. 한 분야의 전문가일수록 남들이 흉내 낼 수 없는 그 사람만의 특별한 것이 있다. 그래서 그런 사람에게 배울 수 있다면 기를 쓰고 배워야 한다. 물론 귀한 가르침일수록 많은 대가를 치르면서 어렵게 얻었을 것이기에 절대 쉽게 가르쳐주지 않는다. 그때 포기하지 말고 죽기 살기로 매달려 배워야 한다. 그게 뭐 대단한 것이냐고 무시하거나 나도 그 정도는 해낼 수 있다고 생각해서는 안 된다. 그런 사람은 어디를 가든 누구에게도 배우지 못하고 5년을 해도, 10년을 해도 자신을 점프시킬 수 없다.

이것과 관련하여 흔히 사람들이 오해하는 것이 있다. 1학년을 오래 다니면 자동적으로 고학년이 된다는 생각이다. 그러나 1학년을 6년 동안 다니면 그 사람은 몇 학년이 될까? 유감스럽게도 그 사람은 여전히 1학년이다. 그런데 사람들은 1학년을 6년 다녔으니 이제 중학교에 올라가야 한다고 생각한다. 결코 그렇지 않다. 1학년을 10년 다녀도 1학년이다. 아무리 1학년을 20년, 30년 다녔더라도, 지식 수준이 아직 성장하지 않았으면 여전히 1학년일 뿐이다. 자신이 그 일을 오랫동안 했다 하더라도, 일 정한 수준에 머물러 있다면 그는 그 수준의 사람일 뿐이다.

정리하면 성공은 어렵고, 그것에 어울리는 대가를 반드시 요구하는 법이다. 결코 이 세상의 어떤 일도 그것에 합당한 대가를 치르지 않았는데 결과를 순순히 내놓는 경우는 없다. 지금까지의 모든 삶이 그래왔듯이, 이제 각자의 목표에 걸맞은 대가를 기꺼이 지불해야 한다. 그것을 지불하려는 사람들에게 약속의 무지개는 반드시 뜬다. "그리고 그대 어깨 위로 늘 무지개가 뜨기를(And may the rainbow always touch your shoulder)!"

부 록

'창업 맞춤형사업화 지원사업' 사업 계획서 사례

【별지 1호 붙임 1】

「창업맞춤형 사업화 지원사업」
기 술 창 업 자 사 업 계 획 서

I. 신청자 현황(팀으로 신청 시 양식을 복사하여 팀원별 기재)

성 명				주민등록번호		
창업(예정)일	2012년 4월 16일					

학 력[1]	기 간		학 교 명	수 학 상 태	전 공	학 위
	부터	까지				
				졸업		
				졸업		

경 력[2]	기 간		근 무 처			담당 업무 (최종 직위)
	부터	까지	근무처 명	주요 제품	전화번호	

지식 재산권 보유 현황

등록 여부	등록 완료 ( )개		출원 중 (2)개	
순위	권리 구분 (국내외특허, 실용신안, 디자인, 상표)	등록(출원) 명칭	등록(출원) 번호	등록(출원)인
1	상표		출원 중	
2	국내외 특허		출원 중	

입상 실적[3]

입상명	입상 일자	시행 기관	비고

창업교육 이수

교육명	이수년도	시행 기관	비고
서울특별시 창업스쿨	2012	서울산업통상진흥원	71시간

1) 학력 : 최근(최종) 학위 순으로 기재

2) 경력 : 직장근무 경력, 개인 및 법인 사업자 운영 경력 등을 모두 기재하며, 휴·폐업 경력 있을 경우 병행기재

3) 입상 실적 : 창업 및 창업 아이템 관련 입상 실적을 기재

* 지식 재산권 보유 현황, 입상 실적, 창업교육 이수의 기재 난이 부족할 경우 별지 추가 가능

Ⅱ.세부계획

1. 창업 아이템의 기술성

1-1. 창업 아이템 기술의 차별성(기술의 독창적 구성)

1) **과제명** : 수족관 위생 및 청결 유지를 위한 친환경 광촉매 해수 살균정수 장치 개발

2) **기술 원리**

■

- 해수는 거품 생성이 잘 일어나는 특성을

 거품을 밖으로 유도해 분리, 배출함.

■ **살균처리**

-

 2차 오염원이 발생하지 않으면서 자연정화 기능을 최대화시킨 맑고 깨끗한 친환경적인 해수가 유지됨.

3) 경쟁 제품과의 차별성(살균 기능 및 일체형)

구 분			자 사	비 고
제품명			아쿠아웨이브	
외형(방식)	분리형	분리형	일체형 살균방식	
제조사	수족관업체 OEM	수족관업체 OEM	부품별 외주 완성품 자사제작	
가격	250만 원	200만 원	150만 원 이하	
성능 거품제거	○	△	◎	※ 범례
성능 탁도	△	△	◎	◎ : 매우 만족
성능 살균	△	△	◎	○ : 만족
성능 설치	○	△	◎	△ : 미흡
성능 관리	△	△	◎	
성능 편의성	△	△	◎	
단점	높은 가격에 비해 사용과 작업 불편	높은 가격에 비해 사용과 작업 불편	낮은 인지도	
대책	인지도가 낮은데, 합리적인 가격과 차별화된 살균 기능과 편리성으로 시장 진입			

1. 창업 아이템의 기술성

※   상표등록 및 특허 출원 중

1-2. 창업 아이템 기술의 모방 가능성(기술의 난이도)

1) 관련 기술에 따른 난이도

○ 1차 정화에 필요한 기술

거품의 특성을 이용함에 있어

기술 보유

○ 2차 정화에 필요한 기술과 구현 원리

살균 효율을 상승시키고 원가를 절감할 수 있는 기술 보유

방법(Advanced Oxidation Process)

※ 살균, 탈취, 표백 기능이 있음.

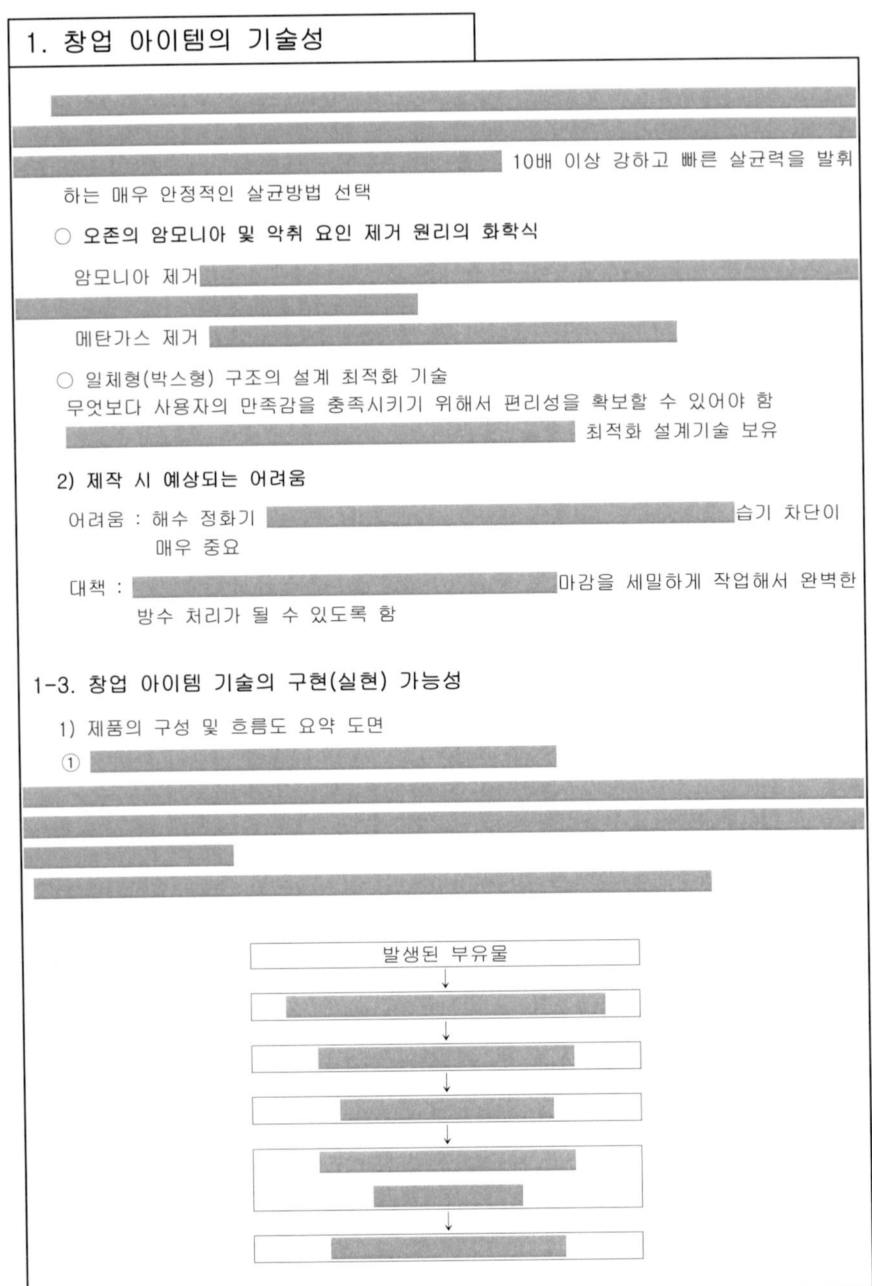

10배 이상 강하고 빠른 살균력을 발휘하는 매우 안정적인 살균방법 선택

○ 오존의 암모니아 및 악취 요인 제거 원리의 화학식

암모니아 제거

메탄가스 제거

○ 일체형(박스형) 구조의 설계 최적화 기술
무엇보다 사용자의 만족감을 충족시키기 위해서 편리성을 확보할 수 있어야 함
최적화 설계기술 보유

2) 제작 시 예상되는 어려움

어려움 : 해수 정화기 습기 차단이 매우 중요

대책 : 마감을 세밀하게 작업해서 완벽한 방수 처리가 될 수 있도록 함

1-3. 창업 아이템 기술의 구현(실현) 가능성

1) 제품의 구성 및 흐름도 요약 도면
①

1-3. 창업 아이템 기술의 구현(실현) 가능

　1) 요약 도면

[설치 전]

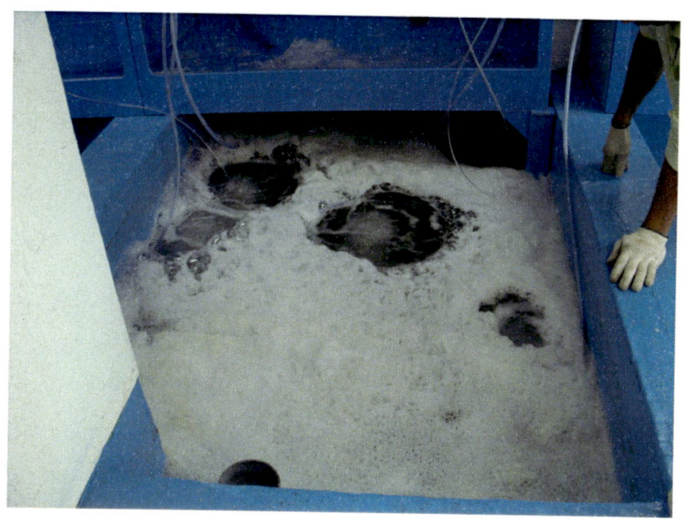

1-3. 창업 아이템 기술의 구현(실현) 가능성

[설치 후]

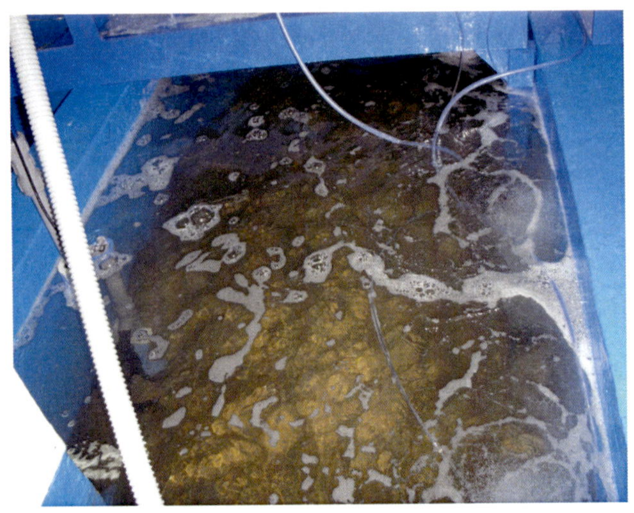

[설치 후 상세]

2-1. 창업 아이템의 시장 진입 가능성

1) 예상 시장규모

- 약 700억 원 (해수 살균정수 장치 예상 가격 = 150만 원*5만 대)

구 분	산 출 근 거
약 5만여 개의 수족관	- 전국 일식집 및 횟집 약 2만여 개 매장((1개 매장 평균 3~6개) (중앙요식업협회 2012. 1. 31 등록 기준) - 활어 보급 대형 도매점 ※ 열대어 마니아 개인 수족관은 제외

2) 예상 시장규모 산출 근거 (중앙요식업 협회 2012.1.31 등록 기준)

단위: 매장

수도권			소계	지방	소계	합계
서울	경기	인천	5,784	7,284	7,284	13,068
3,209	1,913	662				

※ 일식집(횟집 포함) 매장당 3~6개의 수족관을 보유, 평균 4대의 수족관 보유.

3) 수요도 조사 (방법 : 전화문의 및 방문조사)

[조사항목]
- 깨끗한 해수와 살균 및 청결 유지가 가능한 수족관 환경을 제공할 수 있게 된다면
- 안전한 먹거리에 대한 권리를 위험으로부터 지킬 수 있다면
- 회를 좋아하는 손님들이 안심하고 회를 드실 수 있다면
- 여름철만 되면 활어회에 기생하는 비브리오균의 살균 제거가 가능하다면
- 물갈이의 기간을 늘려주어 해수(물 값 톤/만 원)의 비용 절감이 가능하다면
- 잦은 물갈이로 인한 물 온도 유지에 들어가는 전기료의 절감이 가능하게 된다면
- 손님에게 항상 신선하고 맛있는 회를 제공할 수 있다면
  등의 애로 사항을 개선 시 해수 살균정수 장치의 설치 여부 조사 결과
  ---> 10통화 당 1통화는 설치를 희망한다는 결과를 얻게 됨.

4) 시장 진입

-

2-2. 창업 아이템의 성장 가능성

1) 가격 경쟁력
- ███████████████████████████████████ → 원가 절감
- 살균기능 첨가 : 여름철 비브리오균의 제거 및 **안전한 먹거리에 대한 권익 보호**
- 일체형(박스형)--> ███████████████ 사용자 편의성 배가 → **만족도 탁월**
- 성능(거품 제거, 탁도, 살균, 정화능력 등) → **기능 및 성능 월등**
- **간편한 설치 및 관리와 작업의 편리성 확보**

2) 예상 매출액

구분	2013년	2014년	2015년
시장 점유율	0.5%	3%	10%
매출액/(마진율 30%)	3.5억(1억 원 예상)	21억(6.3억 예상)	70억(21억 예상)

○ 경쟁 제품 매출 현황

구 분	███████	███████	자 사	비 고
매 출	██████	██████	-	
시장 점유율	████	████	-	

3) 시장의 성장 가능성
웰빙 문화가 점점 정착되고 있는 시대의 흐름에 발맞춰 식생활 위생의 문제에 대한 인식도 점점 확산되고 있는데, 수족관 관리의 스트레스를 말끔히 없애버려 주는 그들 스스로 원했던 제품이기에 시장의 성장 가능성은 매우 고무적이라고 할 수 있음.

2-3. 창업 아이템의 경쟁력 및 파급 효과

1) 제품의 기능 및 성능이 갖춘 경쟁력 제고
: 국민의 안전한 먹거리에 대한 권리를 보호한다

2) 제품의 기능
① 1차 정화 기능 ██
███████████████████████

② 2차 정화 기능(**살균 기능**)
: ██
██
████████████████████ 살균처리 하여 2차 정화를 성공적으로 이루어낸다.

3) 제품의 성능
① 경제성
- 활어차 운행 횟수, 즉 도매시장 방문 회수를 줄여주어 경비지출 감소
  (주 1회 10만 원 경비 절감)
- 깨끗한 해수로 인해 기존 대비 10% 이상의 폐사율 감소로 비용 절감
- 활어의 육질이 좋아져 고정 고객 확보 및 매출 증가
- 물갈이의 기간이 2배 이상 길어져 해수 물 값 절약(1ton/만 원)
- 물갈이의 기간이 길어져 해수 온도를 맞추기 위한 냉각기와 히터 사용이 줄어들어
  전기료 절감
- 수족관 청소에 따른 인건비, 수도세, 시간, 절감 등
② 편리성
- 수조의 거품이 사라져 수족관 관리 및 청소의 노동으로부터 해방
③ 청결성
- 깨끗한 관리로 인해 매장의 이미지 상승
- 투명한 수조로 인해 항상 신선한 회를 제공받는다는 고객과의 신뢰 조성
④ 만족도
- 손님에게 신선하고 맛있는 회를 항상 제공할 수 있게 됐다는 당당한 자부심 선사
⑤ 디자인
- 일체형 박스구조 설계로 외형 디자인은 단순화시키면서 모터 분리형 해수 여과장치가
  아닌, 일체형 해수 살균정수 장치로 디자인하여 수족관 작업 시 편리성을 고려

4) 파급 효과
- 이 기술로 인해 수족관 해수의 살균 및 청결 유지가 가능해지면서 위생적인 수족관
  환경이 제공될 수 있게 되어, 국민 위생의 사각지대였던 회 음식 부분과 관련하여
  안전한 먹거리에 대한 권리를 위험으로부터 지킬 수 있음.

- 세계 환경 에너지 시장에 REACH, 탄소배출권 같은 제약이 강화되면서 기업과 지역
  에는 이것이 피할 수 없는 문제가 됨. 이 기술로 활어 폐사율 감소로 인해 활어차들의
  도매시장 방문 횟수, 즉 차량 운행이 줄게 되고 해수 물갈이의 기간도 길어져, 온도를
  맞추기 위한 냉각기와 히터 사용이 감소되어 전기 사용이 현격히 줄어 국가 환경 시책
  에 부합함.

- 대부분의 대기업들이 기업 이미지는 친환경을 표방하고 있지만, 수익이 크지 않다는
  이유로 현실적인 실천은 많지 않음. 이 기술을 국가로부터 지원받게 된다면 **국민의
  안전한 먹거리에 대한 권리를 사회적으로 공감할 수 있는 좋은 선례가 될 것임.**

3. 사업화 계획

3-1. 창업사업화 준비 계획

1) 세부 일정 계획

구 분	세부 제작 계획	일 정		
		1차	2차	3차
시제품 제작 1차 2012년 6월~8월 2차 2012년 9월~11월 3차 2012년 12월~2월	부품 구입	6월	9월	12월
		7월	10월	1월
		7월	10월	1월
		7월	10월	1월
	주요 기능별 부품 조립	8월	11월	2월
		8월	11월	2월
		8월	11월	2월
	인력 충원 - 제작 관련 인력 1명	2012년 7월		
	디자인 및 인증 절차	2013년 2월~		
홍 보	온라인 - 홈페이지 운영, 동영상 제작 후 SNS 활용	2013년 2월 ~		
	오프라인 - 기업체 DM, 방문 영업			
판 매	온라인 - 홈페이지 쇼핑몰 운영	2013년 3월 ~		
	오프라인 - 기업체 방문			

3-2. 창업사업화 실현 계획

1) 세부 자금 계획

구 분	세부 제작 계획	자금(천원)		
		1차	2차	3차
시제품 제작비 1차 6월~8월 2차 9월~11월 3차 12월~2월	부품 구입	2,000	2,000	2,000
		1,000	1,000	1,000
		1,000	1,000	1,000
		2000	2,000	2,000
	주요 기능별 부품 조립	1,000	1,000	1,000
		1000	1,000	1,000
		1000	1,000	1,000
	인력 충원 - 제작 관련 인력 1명	18,000		
	디자인 및 인증 절차	3,000		
홍보비	온라인 - 홈페이지 운영, 동영상 제작 후 SNS 활용			
	오프라인 - 기업체 DM, 방문 영업	4,500		
판매비	온라인 - 홈페이지 쇼핑몰 운영			
	오프라인 - 기업체 방문			

4. 주관 기관으로부터 도움 받고자 하는 사항

4-1. 전문 인력

* 주관 기관 소속 전문 인력(교수, 연구원 등)의 기술 및 경영 지원과 시제품 제작 협업 등 지원 희망 사항

- 한국환경산업기술원에 지원하여 이 분야의 환경 전문가 분들로부터 제가 보유하고 있는 기술 적용 분야에 대한 지식 및 부족한 부분의 개선을 희망
- 해수 살균정수 장치의 인증을 위한 절차 멘토링 및 연관 기관과의 협업 희망
- 해수 살균정수 장치의 성능 및 시험 분석 및 테스트와 인증 관련 지원 희망

4-2. 기자재 등 인프라

* 주관 기관 보유 시제품 제작 관련 기자재 및 공간 등의 지원 희망사항

- 한국환경산업기술원이 보유한 종합 수질 분석기, 생물현미경, 초음파 세척 등의 기자재를 활용, 시제품 성능 테스트 지원 희망
- 한국환경산업기술원이 제공하는 창업 공간을 활용하여 시제품 제작 희망
- 한국환경산업기술원의 인프라를 활용, 시제품에 대해 공인된 기관으로부터의 인증 관련 지원 희망
- 한국환경산업기술원의 후원으로 해수 살균정수 장치 관련 전시회 참가 희망
- 한국환경산업기술원의 인프라를 활용, 완성품에 대한 마케팅 및 홍보 희망

4-3. 기타 희망사항

* 주관 기관 보유 창업·중소기업 지원 네트워크 등 기업지원 역량을 통한 지원 희망사항

- 주관 기관인 한국환경기술연원의 지원으로 **국민들의 안전한 먹거리에 대한 권리를 보호함에 있어 사회적 공감대를 형성할 수 있기를 희망**

- 해수 살균정수 장치의 연구개발을 통해 얻은 결과로 본 사업의 지원이 있을 경우 시제품을 개발하고 제작하는 과정까지는 큰 문제가 없을 것 같으나 창업 후 본격적인 시장 점유를 하기 위해서 필요한 방법으로 　　　　　　　　　　　 진행할 계획을 가지고 있어, 자금 확보와 양산에 따른 구체적인 지식이나 방법 및 절차와 관련하여 도움 필요

III. 주요 추진일정

세부 사업화 내용	M1	M2	M3	M4	M5	M6	M7	M8	M9	M10	M11	M12	비고
자문 및 멘토링			■			■			■				7월,10월,1월
시제품 설계	■												5월
1차 개발 테스트		■	■	■									6월~8월
설계, 부품 제작, 조립 테스트		■	■	■									6월~8월
2차 개발 테스트					■	■	■						9월~11월
설계, 부품 제작, 조립 테스트					■	■	■						9월~11월
디자인 작업								■	■				12월,1월
인증 절차										■	■	■	2월~4월
최종 시제품 제작완료										■			2월
홍보 관련 전략수립 마케팅 활동(홈피 제작, 동영상 제작, 카탈로그 제작)										■	■	■	2월~4월

IV. 사업비 산정내역

1. 총 사업비 조성내역

합계(총 사업비) (100%)	정부지원금 (70% 이내)	창업자 부담금 (30% 이상)		
		현　　금 (5% 이상)	현　　물 (25% 이내)	소계(30%)
70,000천원	49,000천원	3,500천원	17,500천원	21,000천원
*현물부담 산출내역 : 기술창업자(학사) 1,458,300원 * 12 개월(협약 기간)=17,500천원				

2.비목별 사업비

세부 항목	산출 근거	금액(천원)			비　고 (%)
		현금	현물	계	
시제품 제작비		50,000	17,500	68,750	91.6%
- 인건비	기술창업자 1,458,300원 * 12 개월 시제품 제작 관련 신규채용 150만 원×12개월	18,000	17,500	36,000	48%
- 부품 구입비		6,000		6,000	8%
-외주 가공 용역비 (부품별 정밀가공 후 조립)		18,000		18,000	24%
-인증비용		3,000		5,000	6.7%
기술정보활동비	멘토링 및 문헌 구입비 외	3,000		3,000	4%
마케팅비	홈페이지 제작 외	4,500		7,000	9.3%
합　　　　　계		52,500	17,500	75,000	100%

* [별표 2호]를 참고하여 관심 세부 지원사업을 기준으로 작성

V. 중복지원 검토 확인 요청사항

수혜자	사업명	과제명	지원기관	지원기간	지원금액(천원)
		해당 없음			

* 신청인이 정부(지자체), 공공기관 등으로부터 지원받은 기술개발자금 및 창업지원자금 등을 모두 기록

** 사업을 수행하였음에도 위에 기재하지 않는 등의 허위사항이 발견될 경우 선정 취소 및 정부 지원금 환수 조치(향후 정부지원 사업 참여 제한이 될 수 있음)

*** 상세 설명은 공고문 참조

*휴먼명조 12pt, 줄 간격 160%로 동일하게 작성. **별지 추가 불가**

본인의 사업 추진 의지 및 열정(기업가 정신)과 창업 또는 창업 아이템 관련 경험, 역량 등을 자유롭게 서술

　제가 연구하고 있는 이 기술은 나 자신의 이익뿐만이 아닌 사회 전체의 이익에 이바지할 수 있다고 생각했기 때문에 지원을 결심하게 되었습니다.

　활어 횟집을 운영하는 동생이 회사 근처에 있어서 매일 출퇴근을 하면서 자연스레 수족관을 보게 되었고, 가끔은 수족관을 청소하는 모습을 보았는데, 수족관 관리가 무척 어려운 작업임을 알게 되었습니다.

　먼저 수족관을 거품과 이끼 없이 깨끗하게 유지시키려면 잦은 물갈이와 동시에 솜과 모래를 세척해야 하는데, 제가 직접 작업해보니 저온에서 오랫동안 작업해야 하는 불편함과 물고기를 옮기고 불순물들을 제거하는 작업은 상당한 노동력이 필요하다는 것도 알게 되었습니다. 뿐만 아니라 깨끗한 수족관 유지에 드는 시간과 노동, 비용에도 불구하고 몇 시간만 지나면 활어들로 인해 수북이 쌓이는 비위생적인 거품의 제거는 거의 불가능했습니다. 그래서 일부 일식집과 횟집에서는 고객들에게 깨끗하게만 보이려고 인체에 유해한 거품 제거제인 ‘소포제’를 사용하고 있는 실정도 알게 되었습니다. 그래서 저는 **깨끗한 해수와 살균 및 청결 유지가 가능한 수족관** 환경을 제공할 수 있게 된다면, **안전한 먹거리에 대한 권리**를 위험으로부터 지킬 수 있고, 회를 좋아하는 손님들은 안심하고 회를 드실 수 있으며, 횟집 사장에게 있어서 특히 여름철만 되면 활어회에 기생하는 **비브리오균의 살균 제거** 및 물갈이의 기간을 늘려주어 해수(물 값 ton/만 원)의 비용 절감은 물론 잦은 물갈이로 인한 물 온도 유지에 들어가는 전기료의 절감, 그리고 손님에게 항상 신선하고 맛있는 회를 제공할 수 있습니다.

　저는 대학 공학 계열 학위를 소지하고 있고, 졸업 후 일진전기 재직 시 초고압 케이블과 관련된 제조업 경험이 있는데, 그 경험을 지금 연구하고 있는 이 기술에 접목시킬 수 있다는 확신을 갖게 되었습니다.

　국민의 안전한 먹거리 문화에 대기업이 앞장서지 않고 있어 안타깝습니다. 대부분의 대기업들이 기업 이미지는 친환경을 표방하고 있지만, 수익이 크게 창출되지 않는다는 이유로 현실적으로 실천하는 곳은 그리 많지 않습니다. 저는 **국민 위생의 사각지대**였던 이 분야에서 제가 연구하고 있는 기술을 통해 안전한 먹거리 문화를 확산시킬 수 있다는 가능성을 발견하였습니다. 또한 그런 의미에서 본다면 지금 하고 있는 저의 사업에 대한 긍지와 자부심 이외에도 더 나은 제품 개발에 완벽을 기하고자 하는 책임감이 크게 자리 잡고 있습니다.

이 책에 수록된 정부 지원사업 양식의 출처

예비 기술창업자 육성사업 참여 신청서 및 사업 계획서 양식

창업 맞춤형사업화 지원사업 사업 계획서 양식

(창업진흥원 www.kised.or.kr)

시니어 공동 창업·창직 활동 지원사업 모집 공고문 및 사업 계획서 양식

소규모 창업스쿨 지원 신청서 및 사업 계획서 양식

(소상공인진흥원 www.seda.or.kr)